LE

TRANSPORTÉ

PAR

MÉRY

III

PARIS
GABRIEL ROUX ET CASSANET, ÉDITEURS,
24, rue des Grands-Augustins.
—
1853

LE

LE TRANSPORTÉ

Pour paraître incessamment

MÉMOIRES
DE
NINON DE LENCLOS

Sous Presse :

La Femme comme il faut, par Balzac ;
La Circé de Paris, par Méry ;
Le Confesseur de la Reine, par Clémence Robert ;
La Haine dans le Mariage, par Paul Féval ;
Le Comte de Carmagnola, par Molé-Gentilhomme ;
La Reine de Saba, par Emmanuel Gonzalès ;
La Haine d'une Morte, par Amédée Achard ;
L'Amant de Lucette, par H. de Kock ;
Le Cadet de Normandie, par Élie Berthet ;
Les Plaisirs du Roi, par Pierre Zaccone ;
L'Homme du Monde, par Frédéric de Sézanne ;
Mémoires d'une Femme du Peuple, par Roland Bauchery ;
L'Amoureux de la Reine, par Jules de Saint-Félix ;
Marquis et Marquise, par Eugène de Mirecourt ;
Un Roman, par le comte Armand de Pont-Martin ;
Une Fortune mystérieuse, par Ancelot ;
Le Benjamin, par Martial Boucheron.

HISTOIRE
DU ROI DE ROME
(DUC DE REICHSTADT),

Précédée d'un coup d'œil rétrospectif sur la Révolution, le Consulat et l'Empire,

PAR J.-M. CHOPIN,
AUTEUR DE L'HISTOIRE DES RÉVOLUTIONS DES PEUPLES DU NORD, ETC., ETC.,

OUVRAGE ILLUSTRÉ DE 15 BELLES GRAVURES SUR ACIER,

Dessinées par MM. Philippoteaux, Jules David, Schopin, Baron, Staal.

CONDITIONS DE LA SOUSCRIPTION

L'HISTOIRE DU ROI DE ROME, illustrée, forme 50 livraisons.
Le prix de la livraison est de 30 cent. pour Paris et 40 cent. pour la province.
L'ouvrage est complet.

PARIS. — IMPRIMERIE SIMON RAÇON ET Cie, RUE D'ERFURTH, 1.

LE
TRANSPORTÉ

PAR

MÉRY

III

———

PARIS
GABRIEL ROUX ET CASSANET, ÉDITEURS,
24, rue des Grands-Augustins.
—
1855

Le Swan.

(SUITE.)

XXVI.

Cependant, le vaisseau anglais, favorisé par le vent, s'avançait toujours sur les mêmes lignes où la *Perle* louvoyait pour l'attendre.

La mer était fort belle; de petites vagues d'un bleu indien se hérissaient à l'infini, et se fondaient avec toutes les nuances d'un vert lumineux dans des franges d'écume.

La *Perle* ne montrait que ses voiles au-dessus de l'eau, et semblait rire, au grand soleil, avec toute la joie folle de ses pavillons.

Son puissant ennemi étalait ses deux flancs noirs, percés de sabords, où étincelaient le bronze luisant de ses batteries de commerce, et l'acier des longues baïonnettes de Birmingham.

Ce vaisseau était le *Swan*, de la compagnie des Indes, chargé à Bombay pour Liverpool, et portant une riche cargaison des denrées du Bengale.

Il était défendu, comme presque tous les navires de commerce de cette époque, par une vingtaine de pièces de canon et trente hommes d'équipage.

L'excédent de sa population se composait de soixante passagers des deux sexes, auxiliaires dangereux ou embarrassants un jour de combat.

Surcouf se leva tout-à-coup, fit un signe, et un mousse, grimpant au sommet d'un mât, y arbora le drapeau tricolore; au même instant, le *Swan*, présentant à la *Perle* sa batterie de tribord, fit feu, et prodigua ses boulets dans l'Océan indien.

— Tout le monde sur le pont !

Cria Surcouf d'une voix de tonnerre :
— les grappins partout. Point de riposte. Pas un coup de feu. Baissez-vous tous derrière les bastingages, comme un soubassement. Pas un corps en cible ! et attendez.

La *Perle*, conduite par Brémont, semblait avoir une âme et des yeux ; on eût dit que les trente-deux *aires* du vent étaient à la disposition de ses voiles.

Elle glissait sur la cîme des vagues, pirouettait sur sa quille, se balançait avec une grâce de bayadère, et n'offrait jamais que sa proue aux batteries du *Swan*, dès qu'elle voyait luire la lance sur l'amorce des canons.

Une manœuvre superbe la jeta subitement sur l'arrière du vaisseau anglais, dans le sillage même, encore tout convulsif de la pression de la quille du *Swan*.

La brise du nord, ainsi recueillie, enfla toutes les voiles de la *Perle*, qui vola comme une flèche et s'incrusta sur le vaisseau ennemi à travers une fusillade qui ne perça que des toiles et du bois.

— Abordez tous! cria Surcouf.

Et tirant deux coups de pistolet dans l'embrasure du premier sabord, il envahit l'entrepont à la tête de ses intrépides marins.

Ce fut une de ces attaques furieuses et surhumaines qui rappelaient, sur cette mer, les exploits fabuleux des noirs génies de Ceylan.

Un de ces assauts foudroyants qui paralysent la résistance, et emportent le succès, car rien n'inspire l'effroi comme la faiblesse usurpant l'audace de la force.

Il semblait que cette poignée d'hommes, déchaînée contre des masses écrasantes, apportât avec elle des secrets de destruction irrésistibles, et qu'elle se fût alliée, avant l'attaque, avec des êtres surnaturels.

Les marins de Surcouf s'étaient rués à la fois dans l'entrepont, comme un hydre à vingt têtes.

La clarté livide des coups de feu montrait aux matelots du *Swan* des visages infernaux, des lèvres convulsives, des yeux de tisons ardents, des bras formidables qui n'égaraient jamais la ligne d'une balle ou la pointe du fer.

Surcouf, dont la voix dominait le combat, traversa l'entrepont déjà inondé du sang ennemi, et toujours entraînant ses marins vers l'échelle, il monta sur le pont avec eux, ferma les écoutilles, et, frappant du pied la planche :

— Le navire est à nous! les passagers sont à fond de cale, et ceux qui ne sont pas morts dans l'entrepont sont prisonniers ; mes amis! c'est ainsi que je prends un vaisseau !

L'équipage cria : Vive Surcouf! et Maurice, tombant du mât de misaine, où il avait grimpé tout de suite en s'élançant sur le pont, dit à Surcouf :

— Regardez, capitaine, j'ai tenu parole ; voilà le drapeau tricolore, arboré par moi à bord de l'Anglais !

— Très-bien ! mon enfant, dit Surcouf. Voyons... sommes-nous tous ici au complet ? personne ne manque à l'appel ?

— Je ne vois pas mon père ! dit Maurice.

— Soyez tranquille, dit Surcouf ; nous avons décidé en conseil de guerre que le brave Sidore Brémond et deux matelots garderaient la *Perle*... Tenez, regardez,

au large, Brémond sur sa dunette, il nous salue à grandes évolutions de chapeau.....
Marapi, fais signal à la *Perle* de rallier.

Surcouf prit le porte-voix du capitaine anglais, tué ou prisonnier dans l'entrepont, et cria cet ordre à Sidore :

— Pilote de la *Perle*, à la pointe de Madagascar !

Le jour était sur le point de s'éteindre, et la mer devenait calme à l'approche de la nuit.

La petite brise du nord, qui ne soufflait plus qu'à longs intervalles, suffisait cependant pour ramener, en quelques heures, la *Perle* et le *Swan* au golfe de la pointe de Madagascar.

Le pont du *Swan*, dépeuplé de ses passagers et de ses marins, était gardé par l'équipage de Surcouf, et quatre sentinelles veillaient aux écoutilles.

On entendait parfois des gémissements de femmes monter par des issues invisibles, comme les plaintes des Océanides dans l'œuvre tragique du poète grec.

Les marins de Surcouf continuaient sur les mâts du *Swan* les manœuvres de la *Perle*, comme s'ils n'avaient pas changé de vaisseau ; les condamnés du 14 nivôse, fiers de leur premier triomphe, se racontaient le combat de l'entrepont, et bénissaient leurs juges parisiens.

Alcibiade causait avec Maurice, et Surcouf, assis sur un trône de câbles roulés, promenait des regards dominateurs sur ses deux royaumes, l'Océan et l'Infini.

— Voilà un vaisseau lestement enlevé ! disait Alcibiade à Maurice, et si la chose n'est pas plus difficile, je ne comprends pas que tout le monde âgé de vingt-cinq ans n'embrasse point la profession de corsaire. A quoi bon livrer des batailles de La Hogue et d'Aboukir, où ces diables d'Anglais manœuvrent toujours trop bien avec leurs vieilles habitudes d'insulaires et de marins? Pourquoi nos monarchies et nos républiques dépensent-elles tant d'argent pour construire des vaisseaux et des frégates que les Anglais nous prennent partout, lorsque avec ce même argent on couvrirait les mers de corsaires français, qui ruineraient le commerce de nos voisins au bout de cinq ans?

— Cela me paraît bien raisonné, disait Maurice, et, de plus, on donnerait de l'occupation à tant de jeunes courages qui, ne sachant que faire, conspirent contre tous les gouvernements établis.

— Il est vrai de dire, pour être juste, poursuivait Alcibiade, que ces jeunes courages peuvent s'exercer dans nos armées de terre, et se battre contre les Allemands au lieu de conspirer.

— Non, non, Alcibiade, ne me parlez pas plus de vos batailles de terre, avec deux armées habillées de jaune et de bleu, qui se tirent au hasard des coups de canon jusqu'au coucher du soleil. Voilà la véritable guerre : la guerre sur l'Océan ! un champ de bataille qui palpite sous nos pieds, et nous emporte à la cîme de ses vagues ! un duel à mort, livré sur un abîme !

— Bravo ! Maurice ! dit Alcibiade ; vous étiez en convalescence morale, et vous voilà maintenant doublement guéri. Que les juges du 14 nivôse avaient raison lorsqu'ils vous ont condamné à vie à perpétuité !

Les passagères.

XXVII.

Maurice et Alcibiade suspendirent subitement leur entretien pour écouter le dernier souffle du vent, qui expirait au lever des premières étoiles, comme deux amis, dans une veillée funèbre, s'entretenant à voix basse, se taisent tout-à-coup, s'ils ont cru entendu le dernier soupir d'un mourant, à leur côté.

La mer a des caprices merveilleux ; elle aime à rire sous le soleil, à jouer avec sa lumière, à rouler, dans toutes ses gouttes, des étincelles d'or.

Puis l'astre s'évanouit à l'horizon, comme un navire incendié qui sombre, la mer se nivelle et se fait grave comme la nuit ; elle se recueille devant la majesté des étoiles, et jalouse des splendides richesses du ciel, elle semble vouloir donner à la terre, avec l'immense miroir de ses ondes, toutes les merveilles du firmament.

Ce passage subit de l'agitation au calme est encore plus fréquent dans le voisinage de l'équateur.

Ainsi, les matelots de Surcouf ne témoignèrent aucune surprise, en se voyant emprisonnés par l'immobilité de la mer.

Les voiles détendues tombèrent des vergues, et s'équarrirent le long des mâts, comme des murs de ciment grisâtre.

Le tranchant de la proue ne divisa plus la masse des eaux, et le gouvernail ne laissa plus derrière lui ce long ruban du sillage, où se roulent à l'infini les paillettes du soleil, ou les perles des constellations.

Le *Swan* s'était arrêté comme une île, à peu de distance du banc de Nazareth, dont le sable d'argent se détachait sur les autres nuances que la nuit donne à la mer.

La pleine lune se leva bientôt, en ajoutant son éclat aux magnificences de cette nuit; une fraîcheur exquise, où se mêlaient les parfums des marchés du golfe Arabique, embaumait le pont du vaisseau.

Chaque marin, enivré de joie, avait de plus le juste orgueil de croire que toutes ces merveilles n'étaient créées que pour lui, et qu'il abordait une planète nouvelle, parée d'étoiles inconnues.

Car les Européens du navire cherchaient en vain, au firmament, toutes les opulentes constellations de leur pays; ils voyaient de nouveaux astres associés par d'autres lois divines, et l'étoile des navigateurs remplacée au pôle de l'univers par la rayonnante *Croix-du-Sud*.

Ces belles nuits inspirent les bonnes pensées.

Maurice s'approcha du capitaine Surcouf et lui dit comme prétexte de début d'entretien :

— Nous voilà prisonniers du calme plat jusqu'à demain, capitaine; j'ose le penser, du moins, en attendant une réfutation.

— La terre n'est pas fort loin, heureusement, dit Surcouf, et je puis, si je veux, mettre en mer deux embarcations de remorque, avec vingt-quatre rameurs....

Mais il me semble qu'on est fort bien ici, sur ce pont, et qu'il n'y a pas, dans l'Inde, une meilleure auberge pour passer notre nuit.

— C'est très-juste, capitaine; quant à moi, je suis dans l'extase. On respire ici tout ce qui enivre les sens et l'âme : ce vaisseau même est odorant comme un jardin de l'Arabie heureuse, comme une cassolette de sérail, allumée devant un émir... et mon bonheur me fait penser au malheur des autres; excusez mon égoïsme, capitaine Surcouf... ; tout le monde ne jouit pas des charmes de cette nuit, à bord du *Swan*... J'ai connu la prison dans ma vie, j'ai connu l'horreur des cachots, et...

— Voyons, au fait, expliquez-vous, ne tâtonnez pas, — interrompit Surcouf avec un ton de brusquerie amicale.

— Eh bien! oui, dit Maurice vivement, j'appelle votre bonté sur les passagers du vaisseau, qui, probablement, manquent d'air dans leur prison.

— Il sera fait selon votre désir, Maurice, dit Surcouf en se levant. J'ai déjà envoyé le chirurgien de la *Perle* dans l'entrepont pour soigner les blessés anglais; ce soin était le plus urgent... Je vais faire mettre dix des nôtres sous les armes, et les passagers vont recevoir ensuite la permission de monter sur le pont du *Swan*.

A cette heure de la nuit, la lune de l'Inde avait les rayons de notre soleil du nord, et le pont du *Swan* était éclairé comme le paquebot de Saint-Cloud, à midi, au mois de juin.

Aussi, quand les passagers arrivèrent sur l'esplanade de la poupe, on distinguait leurs traits et leurs costumes, comme on eût fait en plein jour.

Alcibiade et Maurice vinrent se mêler à cette colonie voyageuse, avec une curiosité fort naturelle, car ils avaient remarqué beaucoup de femmes.

Il y avait là des Mahométans qui venaient de la Mecque ;

Des commerçants dont la fortune était faite, et qui rentraient chez eux pour la dévorer ;

Des artistes qui s'en allaient, à travers l'Inde, exécutant faux les airs d'*OEdipe* et de *Didon;*

D'infortunés débiteurs fuyant des créanciers arabes ;

Des femmes enrichies par trois campagnes de sérail, et voguant à la recherche d'un mari européen, pour se réconcilier avec la vertu.

C'était la plus curieuse association de tous les vices, de tous les défauts, de tous les calculs, de tous les désirs, de tous les rêves humains, recueillis, d'échelle en échelle, par un capitaine qui avait ouvert les yeux sur les guinées du passage, en les fermant sur la figure du passager.

Tout ce monde, enfermé dans les limbes de la cale, comme des âmes qui attendent que Dieu leur ouvre la porte de la vie, exprima sa reconnaissance à Surcouf avec des paroles et des gestes appartenant aux traditions de Sem, de Cham et de Japhet, ces trois professeurs de l'univers.

Surcouf répondit à tous ces dialectes, et consola toutes ces infortunes par de bonnes paroles d'espoir.

Maurice et Alcibiade escortaient Surcouf comme deux aides-de-camp suivent un général dans une inspection de troupes, et les deux amis n'accordaient un intérêt véritable qu'aux passagères du *Swan*.

Cette revue était sur le point d'être terminée, lorsqu'un rayon de lune, glissant entre deux voiles, illumina un visage divin et arrêta la parole sur les lèvres des deux jeunes inspecteurs.

Nos amis venaient de passer devant une femme dont la beauté blanche formait un contraste frappant avec tous les épidermes orientaux nuancés autour d'eux.

Cette passagère était assise, avec une

posé de reine, sur une voile roulée devant le gaillard d'arrière.

Elle était vêtue d'un léger *sari* dont l'étoffe diaphane est autorisée par l'équateur.

Ses cheveux noirs ruisselaient en désordre, comme ceux d'une prisonnière après le combat, et ses yeux, empreints d'une tranquillité dédaigneuse, semblaient ne s'ouvrir que pour contempler les merveilles de la nuit et de l'Océan.

— Mettons-nous un peu à l'écart, dit Alcibiade en entraînant Maurice, — et perdons une heure de cette nuit à regarder ce phénomène de beauté.

— Le capitaine Surcouf ne l'a pas vue, assurément, dit Maurice.

— Oh ! poursuivit Alcibiade, — Surcouf estime la cargaison du *Swan*, comme gingembre, cochenille, canelle, girofle et moka. La femme est une denrée coloniale superflue ici..... Mon Dieu ! qu'elle est belle !... on croirait voir Cléopâtre sur sa galère ! Je suis donc obligé de lui adresser une citation mythologique, empruntée à je ne sais qui, et je vais la lui faire pleuvoir sur une feuille de papier, du haut du mât, sur sa robe d'odalisque.

— En supposant qu'elle comprendra le français, — dit Maurice.

— Eh bien ! si elle ne le comprend pas, je perds quatre vers, voilà tout : ce n'est rien.

Les passagères.

(SUITE.)

XXVIII.

— Il me semble, dit Maurice en riant, que vous pouviez vous épargner tant de détours. Nous sommes en pays conquis. Cette femme est prisonnière, comme Cléopâtre après la bataille d'Actium. Vous avez le droit, au moins, de lui adresser un madrigal. Toutes les captives ne sont pas malheureuses à si bon marché.

— Vraiment, Maurice, dit Alcibiade, vous faites chaque jour des progrès superbes. Vous avez même perdu votre première candeur. Encore quelques défauts, et vous êtes un homme complet. Je veux donc humilier ma vieille folie devant votre jeune sagesse ; je suivrai vos conseils. Moi, Alcibiade de Saint-Blanchart, fils naturel de la Régence et du Directoire, je m'incline devant l'élève de Brutus et d'Anacharsis Clootz.

— Alcibiade, dit Maurice, inclinez-vous plus bas encore, je ne serai jamais à votre hauteur. Il vous faut des amours si nombreuses que mon ambition se décourage en les comptant, et je m'avoue vaincu à perpétuité.

— Prenez garde, Maurice! le temps perdu est réparable. Vous avez un penchant secret vers l'inconstance, seule vertu dans laquelle l'homme soit constant. Louise vous a fait bien vite oublier Lucrèce, et...

— Oh! ceci est injuste au dernier degré, — interrompit vivement Maurice, — un jugement m'exile, me proscrit, me déporte. La France est un pays que je ne dois plus revoir. Lucrèce est donc perdue pour moi, comme la France. On m'embarque sur un vaisseau. Je subis une tra-

versée ennuyeuse. Une jeune femme, belle
comme une passagère de l'équateur, voyage
à mon côté. L'Océan coule entre mon
passé et mon avenir. Mon existence morte
ressuscite. Un monde nouveau s'ouvre devant moi. Je passe des brouillards de la
tombe dans le soleil de la vie. Je continue
d'aimer sous un autre nom ce que j'aimais
ailleurs : une femme !... Lucrèce elle-même, à coup sûr, m'excuserait de cette prétendue inconstance, en donnant tort à votre accusation.

— J'en doute, dit froidement Alcibiade.

— Il m'est impossible de détruire votre
doute, parce que Lucrèce est à trois mille
lieues d'ici.

— Maurice, vous ne connaissez pas les femmes.

— Qui les connaît trop ne les connaît pas.

— Soit. C'est une maxime comme une autre : seulement, je comprends moins celle-ci.

— En attendant, — dit Maurice en revenant à un ton plus calme, — nous voilà bien loin de la Cléopâtre que vous avez découverte sur ce pont.

— Pas si loin que vous pensez, Maurice ; et en voici la preuve... Avez-vous bien regardé notre belle captive ?

— Aussi bien qu'on peut la regarder à

la distance respectueuse où nous sommes de son visage.

— Eh bien! Maurice, ce visage, dans cet éloignement, et ce corps admirable ainsi posé avec sa nonchalance divine, ne vous rappellent-ils rien?

— Attendez, — dit Maurice, en examinant la passagère avec une minutieuse attention. — Oui... Cette femme me rappelle un tableau d'Annibal Carrache, représentant *le Triomphe d'Amphitrite*...

— Qui nous est arrivé à Paris, roulé dans un article du traité de Campo-Formio... Vous avez oublié ce détail, Maurice, toujours par vieille rancune contre Bonaparte. Vous n'êtes pas encore guéri de cette dernière infirmité politique, elle est plus tenace celle-là.

— Eh bien ! soit ; puisque vous voulez faire intervenir Amphitrite dans le traité de Campo-Formio.

— Respectons l'histoire, si nous voulons qu'elle nous respecte... Ainsi, cette femme ne vous rappelle qu'un tableau ?

— Pas davantage.

— Mon Dieu ! que vous êtes lent à découvrir les ressemblances ! poursuivit Alcibiade ; depuis une heure, je m'évertue à mettre votre pensée sur la voie de votre souvenir, et vous vous égarez dans *Amphitrite,* comme un pilote qui a perdu l'étoile polaire, ou la *Croix-du-Sud.*

— Vraiment, Alcibiade, — dit Maurice à voix comprimée, — il me répugne de croire que vous avez raison, mais...

— Maurice, interrompit Alcibiade; je puis me tromper... de loin, toutes les belles femmes se ressemblent, comme les perles; approchons-nous...

— Quelle étrange idée! Alcibiade...

— Pas si étrange, Maurice! il n'y aurait rien de bien étonnant. En voyage, rien n'est plus vraisemblable que l'invraisemblance. Lucrèce est une de ces femmes qui aiment mieux faire un roman que le lire : elle a trouvé que Paris amuse fort peu aujourd'hui et ennuie beaucoup, ce qui est vrai; elle aura demandé une lettre de recommandation à Duroc pour le général Menou, qui règne en Egypte depuis la mort de Kléber. Elle aura débarqué à Alexandrie et traversé le désert jusqu'à Suez avec une escorte de mamelucks français. De Suez, il n'y a plus qu'un pas à faire, et on trouve un port et un vaisseau en partance pour Madagascar. Lucrèce est assez sage pour faire une folie comme celle-là. Je la connais.

— Alcibiade, dit Maurice en frémissant, si Lucrèce était ici je ne balancerais pas...

— Vous vous jetteriez à ses pieds...

— Non, je sauterais par-dessus le bord, et j'irais me briser la tête contre le premier écueil.

— Enfant!

— Oh! ce doute est intolérable! il est impossible que Lucrèce soit ici!

— Oui, mais elle peut y être, et si elle y est, votre père qui est devant nous, à bord de *la Perle*, saura bien vous empêcher d'échouer, tête première, contre un écueil.

— Ne me parlez pas de mon père, Alcibiade, en ce moment.

— Maurice, je vais marcher droit jusqu'à cette énigme à cheveux noirs, et à peau blanche : je l'aborderai courageusement, comme Surcouf aborde un Anglais ; vous vous tiendrez toujours éloigné, vous, à la même distance, et si vous me voyez prendre l'allure, le maintien et les gestes d'un muscadin qui déclame un madrigal à une belle, avancez, sans nulle crainte; l'inconnue ne sera pas Lucrèce, votre épouvantail.

— C'est convenu, allez, Alcibiade.

— Un moment, dit Alcibiade, en couvrant son front avec sa main, — voyons si je me souviens de ma dernière citation mythologique... quatre vers... de M. de Voltaire, je crois, sur Cléopâtre, à bord d'un vaisseau...

> Telle, et moins belle encore, à Tarse on vit paraître
> Celle qui des Romains avait fixé le maître,
> Lorsque les habitants des rives du Cydnus,
> L'encensoir à la main, la prirent pour Vénus.

Sûr de sa mémoire, Alcibiade prit un pas grave, et se dirigea vers le siége de toile goudronnée où trônait la belle passagère du *Swan*.

Maurice dévoré d'une vive inquiétude, suivait tous les mouvements de son ami, et regardait la mer comme on regarde un remède dans un mal désespéré.

Les rayons de la nuit, souvent interceptés par les voiles, laissaient dans l'ombre cette figure lointaine sur laquelle les yeux du jeune homme étaient fixés.

Mais quand un imperceptible mouvement du navire rendait la lumière à ce visage céleste, on aurait dit que la passagère se rapprochait tout de suite, et c'est alors que Maurice effrayé ne doutait plus de son formidable bonheur.

Oui Lucrèce était là, sirène ou euménide, armée d'une caresse ou d'un poignard.

Les passagères.

(SUITE).

XXIX.

En ce moment Maurice se sentit accablé par une de ces longues réflexions qui demandent beaucoup de paroles, et que la vivacité de la pensée résume en une minute dans un monologue mental.

— J'ai bravé, se dit-il, les chances fatales d'une conspiration, le plomb de la rue et le fer de l'échafaud.

J'ai traversé les océans, doublé les écueils des promontoires, lutté avec les tempêtes, abordé un vaisseau ennemi, et je puis m'avouer à moi-même, sans orgueil, que mon cœur n'a pas trouvé une émotion dans ces diverses phases de ma vie; et maintenant je subis tous les frissons de la terreur devant un fantôme, une illusion, une ombre!

Je sens que mes pieds vont s'écrouler sous moi si un nom redoutable, un nom de femme est prononcé dans le silence de cette nuit!

Alcibiade, qui était au-dessus de ces terreurs de néophyte, et qui aurait mieux aimé prendre à l'escalade le sérail du roi de Lahore qu'un vaisseau anglais à l'abordage, avait résolument engagé l'entretien avec la belle passagère.

Maurice exulta de joie en voyant son ami, posé en amoureux de la jeunesse dorée, et donnant à son torse et à ses bras ces inflexions directoriales qui accompagnaient un madrigal païen.

Cette femme n'était pas Lucrèce; elle n'était donc plus dangereuse.

Maurice pouvait l'aborder, sans pâlir, comme un vaisseau anglais : au dernier vers du madrigal, il saluait la mystérieuse passagère, avec l'audace d'un corsaire vainqueur, mais galant.

— C'est mon ami Maurice Dessains, — dit Alcibiade à la belle prisonnière, — un Français, comme moi, et, comme moi, corsaire par occasion...

— Madame est créole française, — ajouta-t-il en s'adressant à Maurice, — née à Pondichéry, et filleule du comte d'Estaing...

Nous avons été bien inspirés de prendre du service, pour vingt-quatre heures, à bord de la *Perle*, puisque cette courte campagne nous met aux pieds d'une belle compatriote sur le pont d'un vaisseau anglais.

— Voilà une merveilleuse surprise,

— Dit la jeune femme avec un ton de nonchalance adorable, je ne m'attendais pas à trouver tant de galanterie chez des corsaires. J'aurais donné la moitié de ma fortune pour payer une pareille émotion.

— Ne parlez pas si haut de votre fortune, madame, dit Alcibiade, il y a peut-être ici des matelots qui en exigeraient les deux moitiés.

— Oh! je ne redoute pas cela, — répondit la passagère d'un air somnolent, — ma fortune est à Hog-Lane, à Kanton; elle consiste en deux factoreries, dans le quartier franc des Hongs hollandais. C'est ce que m'a laissé feu mon mari, M. Van-Velde. Ici, je n'ai que cinq cents piastres, et ces deux esclaves malais qui dorment au pied de ce mât.

— Permettez-moi, madame, dit Alcibiade, de me réserver ces cinq cents piastres et ces deux malais pour ma part de prise.

— Oh! vous aurez plus que cela, dit la jeune femme; je connais la générosité du capitaine Surcouf envers ses camarades.

La cargaison du *Swan* est estimée un million de notre monnaie française. Monsieur Surcouf ne se retient que quatre parts, et le reste est divisé en autant de parts qu'il y a d'hommes d'équipage. C'est un tarif comme chez nous, comme le prix de l'indigo.

— Croyez bien, madame, dit Alcibiade, que, mon ami et moi, nous regrettons vivement une victoire qui a donné à une belle compatriote un si mortel déplaisir.

— Oh ! ne regrettez rien, messieurs,— dit la jeune femme avec un sourire qui passa sur ses lèvres comme un rayon de soleil sur deux arcs de corail, ne jugez pas les femmes créoles avec vos idées de l'autre monde. Nous adorons les émotions de la guerre autant que vous les aimez. Le calme plat des villes nous ennuie à la mort. Nous avons été bercées au bruit du canon;

nos nourrices nous disent des chansons de pirates; les hommes de nos familles nous ont prises, toutes petites, dans leurs bras, et nous ont fait jouer avec leurs épaulettes d'or sur le pont des vaisseaux de guerre. Vous voyez que notre éducation nous prépare à toutes les aventures de l'Océan, et que souvent nous quittons nos maisons, trop calmes, pour courir à la recherche du bruit sur la mer.

— Si cela est ainsi, dit Alcibiade, vous nous devez donc un peu de reconnaissance, car nous vous avons donné quelques heures d'émotion bien vive.

— C'est très-juste, — dit la passagère en s'inclinant comme pour remercier ; —

j'ai même éprouvé deux genres d'émotion bien distincts. D'abord, en voyant votre petit navire à l'horizon, j'ai cru que nous serions abordés par les pirates des Maldives. Ce sont de terribles vainqueurs, ceux-là, respectant aussi peu les femmes que la cargaison. Alors j'ai pris un petit flacon d'essence de mancenillier et de nénuphar noir; c'est un remède japonais contre les pirates des Maldives. Une femme se défend comme elle peut...

— On se défend avec du nénuphar? interrompit Alcibiade.

— C'est une boisson charmante, qui vous endort avec une lenteur voluptueuse, et....

— Et ?..... demanda vivement Alcibiade.

— Et on ne se réveille plus, — poursuivit la passagère avec une molle tranquillité.

— Ah ! voilà comme on reçoit les pirates ! Sommes-nous heureux de n'être que des corsaires ! — dit Alcibiade en riant, — voilà votre première émotion ; veuillez bien nous raconter la seconde, madame.

— La seconde est d'un autre genre. J'ai ressenti une joie inconnue en voyant arborer devant moi le pavillon de France. C'était le nom de Surcouf qui se déployait dans les airs avec nos trois couleurs.

Il y eut un moment de silence ; la jeune femme semblait comme épuisée par les émotions et l'insomnie ; ses dernières paroles sortaient avec effort de ses lèvres indolentes ; ses bras et sa tête cherchaient des appuis, comme si elle eût cédé à un besoin irrésistible de repos.

— Madame, — lui dit Alcibiade d'une voix où perçait une affection naissante,

Je voudrais avoir les larges tissus de pourpre qui voilaient la reine d'Égypte sur son vaisseau, et vous en faire une alcôve pour protéger votre sommeil.

— Je vous remercie, Monsieur, de votre noble vœu, — dit la passagère avec un geste charmant.

Il n'y a pas, dans tous les tissus de l'Asie, un voile plus beau que le ciel de l'Inde, et un lit plus doux que cet océan.

Cela dit, elle roula ses longs cheveux en oreiller derrière sa tête, se renversa mollement sur des amas de toiles, ferma les yeux, et s'endormit.

Maurice et Alcibiade la regardèrent quelques instants, avec un intérêt plein de charme, et s'assirent ensuite à l'écart, sur un banc de passagers.

— Maurice, dit Alcibiade à voix basse, — j'avais un pressentiment hier, lorsque je vous dis : « Si nous prenons ce gros » vaisseau, je croirai toujours que c'est ce » gros vaisseau qui nous a pris. »

— Parlez pour vous, Alcibiade, dit Maurice; j'ai gardé ma liberté, moi.

— Tant mieux, reprit Alcibiade. C'est un esclavage que je ne voudrais pas partager avec vous. Vous m'enlevez toutes les femmes sur terre et sur mer. On ne peut pas lutter avec vous en amour. Enfin, vous m'en laissez une! Ami généreux!

— Alcibiade, dit Maurice en riant, vous oubliez toujours que je vais me marier avec Louise Genest....

— Oui, interrompit Alcibiade, mais vous êtes obligé d'attendre l'expiration de sa tristesse de veuve, qui finit ordinairement avec la robe de deuil. L'échéance légale est encore éloignée, et je crains toujours de vous voir traverser quelque intrigue éphémère, pour charmer l'agonie de votre célibat.

— Ne craignez rien, Alcibiade. J'attendrai cette échéance comme on attend le paradis, sans me plaindre du terme trop éloigné.

— Vous êtes un héros, mon cher Maurice. Il est plus facile d'être Surcouf que d'être vous. Persistez dans votre vertu, et vos amis seront heureux... Maurice, que pensez-vous de notre prisonnière?

— Eh bien ! voyons, Alcibiade, répondez vous-même à votre question, ce sera mieux répondu.

— Je pense, — dit Alcibiade, en prenant la pose horizontale du sommeil, — je pense que je serai amoureux fou de cette femme, demain, en me réveillant.

Les mines d'or.

XXX.

Deux heures après le lever du soleil, le golfe que nous connaissons déjà offrait un tableau bien curieux pour la petite colonie qui le contemplait de la rive, ou du pont de *la Perle* et *du Swan*.

Les deux navires étaient à l'ancre; une brise fraîche, levée aux premiers rayons du jour les avait poussés à la pointe de Madagascar, après une nuit de calme plat.

Les colons, les déportés, quelques jeunes femmes de la ferme hollandaise de *Sea-Hill*, inquiets depuis la veille de l'absence de leurs compagnons ou de leurs amis, étaient descendus au golfe avant le jour, et découvrant deux voiles à l'horizon, ils avaient attendu ce que la Providence leur réservait à bord de ces deux navires qui voguaient dans la direction de Madagascar.

Le rivage et les navires échangeaient

des cris de joie et des saluts, mais aucune embarcation n'était mise en mer.

Surcouf n'avait point encore permis de descendre à terre.

On tenait une espèce de conseil à bord du *Swan*.

Le capitaine avait sans doute une autorité suprême incontestable, mais il aimait faire parfois à ses braves marins quelques légères concessions, comme un roi absolu qui veut mitiger son despotisme, et s'incline vers ses inférieurs pour remonter ensuite beaucoup plus haut.

Ce conseil était tenu sur la dunette du *Swan* et Surcouf présidait.

L'esprit de l'époque avait même introduit chez les marins le goût des discussions, dites parlementaires, premier présent de nos voisins les Anglais.

On avait déjà épuisé les questions de la vente de la cargaison et de la mise en liberté des prisonniers de guerre, lorsque le lieutenant Marapi demanda la parole à Surcouf, et s'exprima de cette manière :

— J'aime mon métier, moi, je suis marin jusqu'au bout des ongles, et je n'aurai jamais d'autre pied-à-terre que le pont d'un vaisseau ; mais j'aime aussi l'or, la richesse, le luxe, c'est à-dire j'ai toutes les bonnes qualités du créole avant d'avoir les goûts du marin.

— Nous sommes tous créoles comme

toi, — interrompirent les corsaires en chœur. — Ce que tu aimes, nous l'aimons tous.

— Je le sais, camarades, — poursuivit le créole de Java. — Eh bien ! alors, écoutez-moi tous. Certainement, avec le brave capitaine Surcouf, nous avons déjà fait de bonnes prises, nous avons eu de bonnes parts ; mais que nous en reste-t-il ? Nous avons donné notre dernière piastre aux femmes, aux enfants, aux familles de nos amis qui sont morts, et à tous les pauvres marins de tous les pays du monde...

— C'était notre devoir de corsaires ! interrompit le chœur.

— Et vous l'avez fait ! c'est bien : on

ne fait pas toujours son devoir... Écoutez-moi jusqu'au bout... Aujourd'hui, nous avons un bon vaisseau et une riche cargaison .. Cependant, ne nous exagérons pas notre fortune. Voici le livre du capitaine anglais, avec la feuille de nolisement et la liste des colis... Vous savez à quels rabais on vend les meilleures prises !... D'après mon estime, nous retirerons tout au plus cent mille piastres de cette cargaison et de ce vaisseau...

Un long murmure de doute accueillit cette phrase, et l'équipage se tourna vers Surcouf, qui fit un signe d'adhésion.

— Vous le voyez, poursuivit Marapi, le capitaine approuve mon chiffre d'estime...

Il y a beaucoup de pauvres femmes à bord du *Swan;* nous ne pouvons pas les jeter sur les îles Maldives, comme la mer jette les noix de cocos. Il faut que nous prenions soin de ces malheureuses passagères ; les secours que nous leur donnerons doivent encore diminuer la valeur de notre prise, après vente. Ainsi, mes camarades, notre commerce, croyez-le bien, ne nous enrichira jamais.

— Nous le pensons bien ainsi, dirent quelques timides voix.

Surcouf donna un sourire de bonté à son lieutenant.

— Enfin, dit un matelot, où veux-tu donc arriver avec ce préambule ?

— Tu vas le voir, poursuivit le créole de Java... Nous avons sous nos pieds un bon et solide vaisseau, belle mâture, fine coupe, fin voilier, tirant peu d'eau, une vraie corvette de guerre dont on a fait, sans honte, un trois-mâts marchand.

— C'est vrai ! — dit le chœur de corsaires.

— Dieu me garde de dire du mal de la *Perle* ! dit Marapi ; quand je la sens palpiter sous mes talons, il me semble que ce tremplin va m'emporter aux étoiles ; mais, à vous parler franchement, la *Perle* peut nous conduire partout, excepté à Bornéo.

— Et que veux-tu aller prendre à Bornéo? interrompit une voix; à Bornéo, il n'y a que des orangs-outangs.

— A Bornéo, poursuivi Marapi, il y a des mines de poudre d'or; si tu l'ignores, interroge notre capitaine...

Surcouf fit un signe de tête affirmatif.

— Le capitaine dit oui, continua le créole, et notre capitaine connaît Bornéo comme sa cabine de la *Perle*...

— Eh bien! allons à Bornéo! s'écria l'équipage.

— Pas si vite, mes amis! Bornéo est défendu de pirogues et de sauvages qui défendent leur poudre d'or avec des armes à feu et des cricks malais. Il nous faut un vaisseau de haut bord pour tenir la mer et protéger nos marins dans le travail des mines.

Avec le *Swan*, nous nous moquons de toutes les pirogues et de tous les enragés cannibales de Bornéo. Une seule campagne nous suffit pour nous donner à tous la fortune de Palmer. L'or est la meilleure des prises; nous serons pauvres toute notre vie si nous ne nous enrichissons pas d'un seul coup. Donc, mon avis est de ne pas vendre le *Swan*, d'embarquer ici tous les déportés de France, et de mettre à la voile pour Bornéo.

Une approbation presque générale accueillit ces dernières paroles de Marapi.

Les marins s'exaltèrent à l'idée de cette

campagne d'Argonautes, et la fascination que ce simple monosyllabe *or* porte avec lui, bouleversa tous les esprits.

On attendait un contradicteur : le pilote Sidore Brémond se leva. Surcouf imposa silence par un geste à tous ses marins.

— Il n'est pas nécessaire d'aller à Bornéo, — dit Brémond, avec son bon sens habituel. — On trouve partout des mines d'or, excepté à Bornéo et au Pérou, excepté dans les terrains où il y a de l'or.

Un jour, — ajouta-t-il, en ôtant son chapeau de paille, — le premier consul Bonaparte me demanda si j'étais riche. Je répondis : oui. En effet, j'ai dans mon pays un petit jardin que je cultive moi-même, et qui me fait vivre très-honorablement. Si, au lieu d'un petit jardin, je pouvais cultiver une grande terre, j'aurais une mine d'or.

— Il a raison, — remarquèrent deux marins.

— Attendez, poursuivit Brémond ; vous avez demandé au capitaine Surcouf s'il connaît les mines d'or de Bornéo, et moi, je lui demanderai s'il connaît les plantations de la côte voisine, les fermes des déportés français, échappés à Sinnamary, et de quelques autres proscrits de fructidor. Le capitaine Surcouf a visité ces fertiles colonisations du cap Delgada, de Sefala, d'Angoxa, de Mélinde, du Port-Natal, et il vous dira que toutes ces terres donnent de l'or en abondance, moins les soucis, les dangers et les fièvres que Bornéo et le Pérou donnent toujours (1).

— C'est vrai ! dit Surcouf.

— Le capitaine est de mon avis, dit le pilote, j'ai donc deux fois raison.

(1) Aujourd'hui, on peut citer comme modèle de colonisation agricole, ou de mine d'or plus californienne que la Californie, la magnifique plantation de Joseph Donnadieu, dans la zône africaine dont nous parlons. Le savant et spirituel docteur Ivan, l'intrépide compagnon de M. de Lagrénée a consacré de fort belles pages à la petite colonie de Joseph Donnadieu, qui a été plus heureux que son héroïque et si regrettable prédécesseur Fortuné Albrand. Comme preuve des soins que j'apporte dans les détails topographiques de mes histoires, il me sera permis d'ajouter que M. de Lagrénée et le docteur Ivan, dans ses lettres sur l'*Ambassade en Chine*, ont attesté que mon roman de *la Floride* semble avoir deviné, dans ses moindres descriptions locales, la belle plantation africaine de Joseph Donnadieu.

Les mines d'or.

(SUITE.)

LA BÊCHE D'OR.

(SUITE.)

XXXI.

— Non-seulement j'approuve tout ce que vient de nous exposer le pilote Brémond, dit Surcouf, mais j'ajouterai que je poursuis moi-même le but de la grande colonisation agricole, à travers toutes mes courses sur l'Océan : si je veux acquérir une fortune, c'est pour semer mon or dans la terre, et non pour ouvrir la terre afin d'y récolter de l'or.

Les trois quarts de l'Asie et de l'Afrique sont en friche, c'est-à-dire les plus beaux, les plus fertiles pays du monde. La France, vers la fin du siècle dernier, a prodigué le sang de ses soldats et tout l'argent de son épargne, pour conquérir dix arpents de neige dans le Canada : elle n'a jamais dépensé un écu ni une once de sang pour cultiver deux pouces de bonne terre entre les tropiques. C'est le devoir des bons citoyens de créer ces fécondes ressources, puisque les aveugles, qui gouvernent toujours, ne veulent pas en prendre l'initiative. Il faut qu'il y ait une Inde française, puisqu'il y a une Inde anglaise ; sans cet équilibre, notre pays se dévorera lui-même, et nos rivaux insulaires assisteront à nos désastres du haut de leur universelle colonisation (1).

Un assentiment à peu près général répondit à ces paroles de Surcouf.

Quelques matelots que les mines d'or de Bornéo avaient subitement fanatisés, protestèrent seuls, par leur silence, contre

---

(1) Surcouf n'était pas seulement le plus héroïque des corsaires, c'était un homme d'un grand esprit et de hautes vues. Le travail de la colonisation indienne l'occupait incessamment au milieu de ses campagnes de mer.

les généreuses idées de leur héroïque chef.

— Capitaine, dit Brémond, tu as suivi et lu, dans les papiers publics, tout ce qui a été parlé à la tribune de la Constituante, de la Législative, de la Convention, des Cinq-Cents ? quinze mille discours environ ?

— Oui, Brémond, j'ai tout lu.

— As-tu jamais lu, dans ces quinze mille discours, une seule phrase sur la colonisation ?

— Jamais.

— Ah! j'ai été plus heureux, moi! — dit Alcibiade, qui arrivait de la proue, où il causait avec la belle passagère du *Swan* depuis le lever du soleil.

— Ah! dit Surcouf, vous avez été plus heureux, vous?

— Oui, poursuivit Alcibiade, on s'est occupé sérieusement, un seul jour, de colonisation, dans une de nos assemblées parlementaires ; j'en suis sûr.

— Et qu'a-t-on dit? demanda Surcouf.

— On a dit : *Périssent les colonies* !

— C'est vrai ! remarquèrent plusieurs voix.

— J'ai entendu, — ajouta Alcibiade, — j'ai entendu, à Paris, l'éclat de rire que les Anglais ont poussé de l'autre côté du détroit, quand ils lurent ces trois mots dans notre *Moniteur*.

— Eh bien! dit Surcouf, le vœu a été exaucé; les colonies ont péri.

— Et elles périront toujours, reprit Alcibiade. C'est un vice de notre nation, la plus parleuse et la moins agissante du monde. A Paris, un homme d'État fait des discours; à Londres, il fait des colonies. Londres est un belvédère d'où le ministre regarde tout l'univers, excepté Londres. Paris est un rez-de-chaussée d'où le ministre voit tout, excepté l'univers (1).

(1) La France avait encore un exutoire merveilleux à *Montevideo*. L'impéritie du gouvernement de Louis-Philippe a ruiné notre influence dans ce beau pays. On peut s'en convaincre, en lisant le beau travail que M. de Saint-

— Laissez faire le premier Consul, dit Brémond ; il se sert de ministre à lui-même et il sait bien que la France est dans les Indes et non pas chez elle.

— Oui, mais donnera-t-on le temps à Bonaparte de suivre cette grande question jusqu'au bout ? dit Alcibiade.

— Nous avons encore une armée en Égypte, reprit Brémond.

— Avec le général Menou, qui s'est fait Turc, dit Alcibiade.

— N'importe ! dit Surcouf ; nous se-

Robert a publié sur la *Question de la Plata*. De plus, on a colonisé seize lieues d'enceinte murale autour de Paris, et pétrifié quatre cents millions. Avec cette somme, nous aurions colonisé le quart du globe, et la monarchie serait encore debout.

mons en Égypte et nous récolterons plus tard. Le bien se fait lentement. Le monde a une longue vie; il peut attendre. Savez-vous pourquoi les Français de Bonaparte ont été si bien reçus en Égypte ?Parce qu'il y a du sang français dans ce pays depuis Louis IX. C'est une affection traditionnelle de races. Les Druses, que nous avons rencontrés en Syrie, sont les fils des croisés. Bonaparte a continué Louis IX, un autre colonisateur puissant continuera Bonaparte. L'Égypte sera française quelque jour, et alors, l'Inde nous donnera la moitié de son soleil, qui ne luit que pour les Anglais.

En attendant, il faut faire notre œuvre

modeste, nous. Préparons le bloc, un ciseleur fera la statue. Suivons les bons exemples des anciens et des modernes colonisateurs. Ne nous bornons pas à l'imitation des futilités. Après nos désastres de l'Inde, sous Dupleix, les Anglais firent la paix avec nous, et les lords vinrent à Versailles : nous leur empruntâmes les modes du frac, du thé, des gants et du *whist*. Personne ne songea, dans Versailles, à emprunter la colonisation. Nous sommes ainsi faits. Transformons-nous, il serait temps.

Nos ports sont infestés de chiourmes, de galériens, qui travaillent gratuitement pour l'État et font un tort immense aux ouvriers honnêtes. Imitons les Anglais, envoyons nos condamnés sur les landes des colonies, et délivrons de la fatale concurrence les ouvriers de nos ports. Un jour, je débarquai dans une île de l'archipel de Dampier, vers le cap nord-ouest de la Nouvelle-Hollande. Je trouvai là une petite colonie composée de plusieurs familles, et de résidences pleines de bonheur et de sérénité. La vie patriarcale se révélait à moi, dans ce coin du globe, sous les charmes fabuleux de l'âge d'or. Je passai huit jours parmi ces patriarches, et voici ce qui me fut conté ensuite : Les trois fondateurs de cette colonie avaient exercé la profession de bandits, dans les montagnes du pays de Galles : le jury anglais ne les envoya pas faire concurrence aux ouvriers de Plymouth et de Chatham, on les déporta sur le continent Austral. Pour certaines organisations, il paraît qu'il y a des climats sombres qui poussent au crime et des zônes radieuses qui excitent à la vertu. Ces trois bandits changèrent subitement de profession ; ils se firent honnêtes gens.

Leur activité féconda une magnifique plantation, sous le vingt-deuxième degré de latitude sud. Ils épousèrent des créoles de l'archipel Dampier, et établirent des relations commerciales avec la compagnie des Indes, sous l'administration de lord

Cornwallis, qui ne dédaigna pas de les protéger.

De pareils exemples ne sont pas rares, et cette propagande colonisatrice, opérée par les mêmes moyens, fera le tour de la Nouvelle-Hollande, pendant que nous continuerons d'envoyer nos condamnés criminels à Toulon, à Brest, à Rochefort, où ils rêvent incessamment l'évasion pour redevenir bandits.

Ces paroles de Surcouf obtinrent l'approbation générale de ses auditeurs, car le bon sens et la sagesse ne parlent jamais vainement à l'oreille des gens de mer.

Bornéo et ses mines furent oubliés. Le rêve de l'or s'évanouit devant le rêve de la colonisation. Surcouf promit aux déportés de Madagascar des secours de tout genre, après la vente faite de la cargaison du *Swan*.

— Ma rencontre avec vous, leur dit-il, a été providentielle ; mais les choses se passent toujours ainsi ; nous devions nous rencontrer. On appelle cela un heureux hasard en termes vulgaires. Colonisez donc, camarades ; fondez vos plantations ici, sacrifiez-vous, s'il le faut, votre exemple ne sera pas stérile. Après vous, bien d'autres viendront. L'armée suivra l'avant-garde. Commencez, on achèvera.

Toutes les mains se tendirent vers les mains de Surcouf, tous les regards tombèrent du haut du vaisseau sur cette île superbe que tant de forêts ombragent, que tant de sources d'eau vive fécondent, et que l'Océan étreint d'une ceinture de perles et de corail.

Le *Swan* avait mis ses chaloupes en mer, et le débarquement eut lieu après les dernières paroles de Surcouf.

Un rêve avant un réveil.

XXXII.

Réfugiée dans un massif de palmistes, comme un nid dans les hautes herbes, la ferme de *Sea-Wiew-Hill* a tous les avantages des plus belles habitations équinoxiales.

Une petite colline couverte de nopals, de cactus, d'euphorbes et d'autres arbustes inflexibles protége la résidence hollandaise contre le vent du Sud.

En face, l'Océan se déroule à l'infini et lui envoie toutes ses haleines.

Des sources d'eau vive baignent les murs de l'habitation et entretiennent autour d'elle de petits bassins où le nénuphar de l'Inde prodigue ses feuilles et ses fleurs.

Les colons hollandais sont admirables de patience, de goût et d'imagination quand ils créent un établissement vers les tropiques.

Ils appartiennent à ce peuple merveilleux qui colonise l'Océan lui-même quand la terre lui manque, et qui serait le premier peuple du monde s'il avait plus de soldats et plus de vaisssaux ; car, avec les autres qualités communes aux autres nations, il a encore le bon sens, la bienveillance et le génie hospitalier.

La colonie du Port-Natal est la réalisation du rêve des sages, et Java serait aujourd'hui le plus beau et le plus habitable pays de l'univers avec ses bois, ses fontaines, ses sources d'eau thermale, ses terres fécondes, ses ruines superbes, si la Hollande avait pu continuer, dans cette île, son intelligent travail de colonisation.

Les Anglais ne l'ont pas voulu.

La force, c'est le droit.

Ruyter est mort, et la France, vieille amie de la Hollande, s'est toujours amusée, depuis soixante ans, à faire des révolutions et des orateurs, au lieu de faire des marins et des vaisseaux.

Depuis un quart de siècle, *le Fontenoy* est au chantier, sous une cale couverte, à Toulon ; soixante ministres de la marine sont morts devant lui, et *le Fontenoy* n'est pas encore né !

Qu'importe ! nous avons des discours qui chargent une flotte de cent-vingt volumes in-folio du *Moniteur* ! on peut échouer partout avec cela, et c'est ce que nous faisons.

Pour nous consoler de l'histoire, rentrons dans le roman.

A cette heure charmante du jour, où la fraîcheur des fontaines, les éventails des bananiers, les haleines de l'Océan corrigent les ardeurs du soleil, il y avait, sur la terrasse de la ferme, quelque chose de plus beau que le velours des mousses, le cristal des bassins, le duvet des oiseaux d'or, l'ivoire des *stanhopeas*, l'azur du ciel, l'éclat du Midi, le recueillement de l'ombre.

C'était une jeune femme assise dans ce paysage comme Fiametta du Décameron.

Sa robe de toile blanche, où quelques

vestiges d'un deuil expirant se laissaient encore voir à la ceinture et aux agrafes du corsage, annonçaient une veuve qui se réconcilie avec l'espoir.

Maurice, à demi renversé sur le gazon et soutenant son torse sur le coude droit, s'entretenait avec elle, pendant que les autres déportés et les colons de la ferme, disséminés par groupes sous de fraîches tentes de verdure, causant ou dormant, laissaient passer, sans le voir, le soleil au zénith.

Il est permis au narrateur de ne choisir, dans les entretiens et les journées de ses personnages, que les choses essentiellement liées à l'action.

Des inutilités intermédiaires n'apprennent rien, et donnent trop de langueur au récit.

En ce moment donc, Maurice disait à la jeune et belle Louise :

— Que je suis heureux de vos craintes, ma chère Louise ! et bien plus heureux encore de les calmer par un seul mot ! Je vous jure que je ferai taire en moi ce sentiment peut-être trop généreux qui m'emporte vers des dangers courus pour le service de mon pays.

On peut être utile à la France de plusieurs manières. J'ai d'abord cherché à illustrer mon nom dans les luttes politiques ; triste arène, où la raison de la veille est le tort du lendemain ! Puis, je me suis exalté à l'idée de courir l'Océan, sous le pavillon de Surcouf, pour combattre nos ennemis et servir encore cette France qui me frappait de proscription.

C'était un pas vers le bien, mais ce n'était point encore le mieux. Aujourd'hui, j'entre, sous le charme de votre beauté, dans une nouvelle carrière, et je m'associe à mes compagnons d'exil, dans cette magnifique pensée de colonisation que l'héroïque marin Surcouf a jetée sur cette île comme le premier germe de la moisson à venir.

Lorsque ce grand homme conseille d'échanger l'épée contre la charrue, il ne peut pas y avoir la moindre hésitation. Retirons la vie de la terre, au lieu d'y enfouir la mort. Chère Louise, Surcouf est déjà bien loin ; vous ne me reverrez plus monter l'échelle de son navire. Je m'établis avec vous, qui serez bientôt ma femme, sur cette terre qui veut être française, et quand nos juges du 14 nivôse nous demanderont ce que nous avons fait de leur justice, nous leur montrerons cette nouvelle province ajoutée à la carte de la République par l'énergie de nos bras et la sueur de nos fronts !

— Voilà, Maurice, la promesse que j'attendais de vous, — dit Louise en serrant une main du jeune homme, — je suis tout-à-fait rassurée. Votre ancien caractère m'alarmait. N'ai-je pas déjà trop souffert ! Les femmes doivent-elles toujours trembler sur le sort de ceux qu'elles aiment ? Ayez pitié de moi, Maurice, je sens que je n'aurais plus la force de souffrir.

— Louise, — dit Maurice avec un regard où se peignaient les tendresses du cœur et le délire des sens,

— Je mets ma vie entre vos mains. C'est votre volonté sainte qui commandera la mienne. Je prends à témoin de ce que je vous dis ce ciel et cet océan qui m'ont ressuscité d'entre les morts, pour m'enivrer de votre grâce et de votre amour. !

Rien n'est plus respectable qu'un tête-à-tête ; l'arrivée brusque d'un troisième interlocuteur est une inconvenance inexcusable, surtout si c'est un ami.

Maurice, en voyant tomber Alcibiade au milieu de cet entretien intime, ne comprit rien à l'étrange mystère de cette intervention.

Une pareille étourderie ne pouvait être expliquée de la part d'un homme du monde, habitué à respecter ses amis dans ces confidences secrètes où la présence d'un tiers est révoltante d'importunité.

Si Maurice avait eu moins de candeur, il aurait deviné qu'il y avait un péril au fond de la situation ; car Alcibiade, même chez les sauvages, ne pouvait mentir à ses antécédents de gentilhomme civilisé.

— Je viens de faire un miracle, — dit Alcibiade d'un ton de légèreté forcée.

Je me suis arraché violemment à un entretien délicieux avec notre belle créole, madame Elora Van-Velde, et les charmantes filles de nos planteurs hollandais. Nous faisions les plus beaux projets du monde. Elora est enchantée du pays ; elle bénit Surcouf et les corsaires ; elle nous garde reconnaissance de la bonne idée que nous lui avons donnée de s'établir ici : je suis chargé d'écrire à Hog-Lane pour faire liquider l'héritage de son mari. Enfin, vous le dirai-je? tout marche ver le dénoûment obligé.

— Quel dénoûment? demanda Maurice.

— Parbleu! le mariage, reprit Alcibiade. Dans les villes trop peuplées, le mariage est un amusement ; dans une colonie naissante, c'est un devoir. La moitié de nos déportés se marient, grâces à mes prédications sur les liens légitimes. Il faut donc que je donne l'exemple après le précepte, et j'épouserai la belle veuve Elora Van-Velde de Pondichéry, notre ex-prisonnière du *Swan*.

Un rêve avant un réveil.

(SUITE.)

XXXIII.

— Est-ce conclu? interrompit Maurice.

— Il y a déjà un *oui* prononcé, dit Alcibiade.

— Le vôtre?

— Le sien ! Les femmes créoles prennent l'initiative dans la question du mariage. Ce sont d'autres mœurs.

— Et votre *oui* se fera-t-il attendre? demanda Maurice en riant.

— J'ai demandé une heure de réflexion. Mais tout est réfléchi, j'épouse la belle créole. C'est une femme adorable, et du caractère le plus original. Comme toutes les créoles, elle a lu *Paul et Virginie*, et comme à peu près toutes les créoles, elle a trouvé, en cherchant Paul, un gros industriel en gingembre et en indigo, qui l'a épousée dans un comptoir, sans le moindre quatrain préalable. J'arrive, à point nommé, dans la vie de cette jeune veuve pour corriger ce souvenir.

— Oh! je me doutais bien de ce dénoûment! dit Maurice. Ainsi nos deux mariages se feront le même jour?

— Maurice, notre planteur, le patriarche Van-Gelden, m'a dit qu'un prêtre missionnaire de la Propagande doit arriver au premier jour. Le prêtre arrivé, nous nous marions.

— Très-bien! s'écria Maurice, en serrant les mains de Louise, avec un frémissement de joie.

— Maintenant, poursuivit Albibiade, vous allez faire comme moi le miracle de vous arracher à un charmant tête-à-tête.

Maurice, nous devons donner le bon exemple à nos camarades.

L'heure de la *sieste* est passée. Quittons les femmes, allons au travail, et comme dit un héros de roman philosophique : « Tout cela est bien agréable, mais il faut » cultiver notre jardin. »

— Louise, — dit Maurice en se levant, — nous allons à la plantation, Alcibiade et moi. Si vous voulez donner un coup d'œil à la métairie et aux ruches, madame Van-Velde ne demandera pas mieux que de vous accompagner...

— Madame, — interrompit Alcibiade en s'adressant à Louise, — je vous autorise à être indiscrète en causant avec la jeune veuve créole, sur la question du mariage.

— Je n'y manquerai pas, dit Louise en souriant.

Quelques instants après, les deux amis se trouvèrent seuls, et Alcibiade prit un maintien sérieux, muette préface de l'inattendu.

— Mettons-nous à l'écart, — dit Alcibiade en entraînant Maurice, et cherchons des arbres qui n'aient point d'oreilles...

—Vous allez m'annoncer une mauvaise nouvelle, — dit Maurice.

Ne prodiguez pas les mots, soyez bref comme un coup de poignard.

— Maurice, poursuivit Alcibiade, un Malais vient d'arriver au port Louquèz, qui est dans notre voisinage ; il apporte des lettres de France ; un navire hollandais, entré à la baie Sainte-Lucie de Madagascar, a transmis aux colons de l'île les dépêches d'Europe, — et... — ajouta Alcibiade en donnant une lettre à Maurice, — voici une lettre pour vous.

— Vous l'avez donc lue ? demanda vivement Maurice.

— Regardez le cachet, Maurice ; il n'est pas brisé.

— Et pourquoi m'annoncez-vous alors une mauvaise nouvelle, si vous n'avez rien lu ?

— Regardez l'écriture de l'adresse, dit froidement Alcibiade.

Une pâleur subite couvrit le visage du jeune déporté.

Il avait pris la lettre et reconnu tout de suite, comme son ami, la main de Lucrèce.

Maurice froissa le petit carré de papier dans sa main convulsive, et, tournant la tête du côté de la ferme, il vit Louise et la créole qui marchaient, unies l'une à l'autre par l'enlacement des bras, en se donnant ces sourires célestes qui divinisent le visage des jeunes femmes, quand elles font des rêves de bonheur.

— Maurice, dit Alcibiade, — ces arbres

nous protégent mal contre la curiosité de deux femmes.

Sur ce fond de verdure, nous sommes trahis par la blancheur de nos vêtements. Cachez bien votre lettre et allons la lire dans un endroit plus sûr.

Les deux amis sortirent du massif d'arbres et entrèrent dans un site agreste où jamais un pied humain n'avait laissé sa trace.

C'était un plateau de rocs semés de bruyères et de pourpiers marins, et dont le versant oriental se détachait à pic sur un abîme au fond duquel l'Océan, rétréci par deux longues rives, coulait comme un torrent.

Maurice ouvrit la lettre, et lut ce qui suit :

« Mon cher Maurice,

» Quand vous traversiez la mer pour
» vous rendre en exil, vous avez pensé à
» moi ; vous m'avez écrit une lettre pleine
» de tendresse ; vous avez confié cette let-
» tre au messager de la Providence ; soyez
» aimé pour toutes ces bonnes inten-
» tions.

» Le cœur d'une femme comprend ce
» qui vient du cœur ; c'est une oreille in-
» telligente qui écoute même ce qu'on ne
» dit pas.

» J'ai beaucoup souffert pour vous, et

» je suis comme ces mères qui aiment de
» préférence l'enfant qui leur a donné leurs
» angoisses les plus cruelles.

» Je me suis dévouée à votre sort pour
» me donner la volupté d'une passion pure,
» car j'ai compris, après bien des épreuves,
» que le véritable amour était le dévoue-
» ment.

» Depuis votre départ, je m'étais retirée
» bien loin du monde pour y trouver le
» calme : je n'y ai trouvé que des orages
» inconnus et des horreurs que le crime
» même ne soupçonne pas, car elles vien-
» nent de l'enfer.

» Paris est désormais pour moi une ville

» sans refuge : il y a un million d'habi-
» tants et pas un protecteur !

» Vingt mille maisons, et pas un asile !

» On m'a conseillé de me placer, comme
» ils disent, *sous l'égide de la loi.*

» Belle ressource !

» La femme outragée qui plaide sa cause
» devant un tribunal en sort meurtrie.

» On l'oblige à raconter, en public, des
» choses honteuses et qui font rire intérieu-
» rement tous les hommes et n'excitent
» chez eux qu'une fausse indignation.

» Je me suis donc décidée à partir.

» Un de ces amis dévoués qui ne de-
» mandent rien en échange d'un service,
» m'a facilité ce grand voyage; je vais

» m'embarquer, dans un port de la Hol-
»lande, sur un navire qui touche à Mada-
» gascar.

» Que peut-il m'arriver de pire?

» Qu'ai-je à redouter des peuples fau-
» ves?

» J'ai vu les hommes civilisés.

» La pensée dévore les distances ; mon
» voyage étant résolu, il me semble que je
» suis déjà auprès de vous, et que j'écoute
» votre parole grave qui me réjouissait au-
» trefois, après tant de conversations qui
m'attristainet.

» Il n'y avait entre vous et moi de dis-
» cordance de caractère qu'à la surface ; au
» fond nous nous ressemblons, comme deux

» âmes se ressemblent dans les Limbes,
» avant d'être souillées par le corps.

» Mon cher Maurice, vous savez avec
» quel sourire d'ironie amère je vous écou-
» tais lorsque votre jeune candeur rê-
» vait à côté de moi un mariage impos-
» sible !

» Eh bien ! le malheur, cette seconde
» nature, a transformé mon caractère et
» anéanti mon passé.

» Je sens que je n'ai plus d'ironie en ré-
» serve contre vos idées sérieuses ; je sens
» que je suis digne de devenir votre femme,
» et cette idée éloigne de moi les ennuis et
» les périls d'un si long voyage.

» La force me revient au cœur en pen-
» sant que je vais rejoindre un mari.

» Votre dévouée amie, en attendant mieux.

» Lucrèce. »

Attendre !

XXXIV.

La main qui tenait cette lettre tomba comme si la foudre l'avait frappée.

Maurice attacha des yeux fixes sur le visage d'Alcibiade, qui répondit par une pantomime dépourvue de toute espèce de signification.

Les deux amis, silencieux et immobiles, ressemblaient de loin à deux blanches statues posées sur la limite d'un jardin.

C'est toujours dans un de ces moments que les importuns arrivent.

Un bruit de pas se fit entendre sur les bruyères voisines, et un esclave malais parut.

C'était l'un des domestiques de la belle créole Elora Van-Velde.

Il s'inclina profondément devant Alcibiade, et lui remit ce billet écrit au crayon :

« Les femmes créoles ne soignent pas

» les métairies et les ruches; elles sont
» nées pour ne pas travailler.

» Ma jeune et nouvelle amie Louise mé-
» rite d'avoir toutes les qualités des Créo-
» les, et mes leçons la rendront parfaite.

» Elle et moi, nous sommes tristes com-
» me le bonheur, et nous attendons votre
» visite sur la terrasse de l'habitation.

» Veuve Elora Van-Velde. »

Alcibiade congédia le Malais par un signe brusque, et dit à Maurice :

— Mon ami, gardons-nous bien d'é-
veiller le moindre soupçon dans l'esprit de
ces femmes... Venez... nous verrons ce
qu'il faut faire ensuite... Suivez-moi.

Maurice plongea ses yeux dans le gouffre où mugissait le torrent échappé de la mer, et, souriant à une idée fatale, il se courba sur cet abîme, sans écouter les paroles de son ami.

— Maurice! — dit Alcibiade en saisissant avec vigueur le bras de son ami, vous êtes un fou, si vous n'êtes pas un enfant! Soyez donc de votre sexe et de votre âge! La vie est faite de contrariétés...

— Le mot est bien choisi, — interrompit Maurice d'une voix éteinte.

— Vous appelez cette lettre, ce coup de foudre, une contrariété! Croyez-vous que l'accès de désespoir qui me pousserait au suicide peut prendre sa source dans une cause vulgaire ? Il y a sans doute des hommes qui se mettraient à leur aise dans mon horrible position, et qui ne verraient là qu'un accident assez commun dans la vie des folles intrigues.

Je n'ai pas la philosophie de ces hommes, moi. J'expire de honte à l'idée de voir ici cette femme, qui ne m'est connue que par sa bonté, et qui ne me connaîtra que par mon ingratitude. Si les fous et les enfants rougissent d'eux-mêmes en pareille situation, je les honore et je veux les imiter aujourd'hui.

— Eh bien ! rougissez tout à votre aise, dit Alcibiade, et ne faites rien de plus.

— Et vous, interrompit Maurice, vous,

le héros de la jeunesse dorée, vous le muscadin illustre, voyons, dites-moi, que feriez-vous de moins, dans ma position?

— Je ne ferais rien de plus, et rien de moins, je ne ferais rien du tout, j'attendrais.

— Et ensuite?

— J'attendrais toujours.

— Et quand Lucrèce arriverait?

— Eh bien! alors je n'attendrais plus, et je suivrais l'inspiration du moment.

— Vous n'êtes pas ingénieux dans vos conseils, Alcibiade. Je suis un malade désespéré qui demande des remèdes à un médecin, et le médecin me prescrit, par ordonnance, d'attendre paisiblement la mort dans mon lit.

Voilà le remède que vous me donnez. Il ne faut pas avoir pris ses grades aux quatre facultés de la Sorbonne pour exercer l'art curatoire de cette ingénieuse façon.

— Maurice, mon ami, vous rendez justice à mon art sans vous en douter.

— Ah! voyons! faites-moi faire connaissance avec moi-même.

— J'ai cette prétention, Maurice... votre comparaison triomphante du médecin n'est pas admissible *dans l'espèce*, comme dirait un avocat. Je vous ai dit : attendez;

vous avez attendu, et déjà vous avez fait un pas vers la guérison.

Tantôt, vous étiez muet comme un cadavre, et la moitié de votre corps était dans cet abîme. Vous avez attendu, et voilà que le cadavre parle, et fait même de la raillerie, et la moitié de votre corps s'est retirée de ce précipice et se promène avec l'autre sous mon bras. Maintenant, attendez encore, et le sourire éclairera votre visage, et la fraîcheur de la jeunesse y remplacera le fard livide du tombeau.

— Moi sourire, Alcibiade !

— Eh ! vous souriez en disant cela !

— Comme sourit le damné.

— Qu'importe ! c'est un essai, les plis

se forment, et on sourit ensuite comme le chérubin.

— Alcibiade, vous voulez me déshonorer !

— Qu'ai-je à gagner à pareille tentative ? Croyez bien, Maurice, que vous êtes beaucoup plus jeune que votre âge, et que vous ne connaissez de la vie que ce qui vous a été appris, au collége, par les Grecs et les Romains. Je connais, moi, toute la portée de ce mot si fécond en guérison : *Attendez*[1]... Exemple : Une femme part de Surate, la belle veuve Elora Van-Velde, qui, par parenthèse, nous attend à l'ombre d'un bananier. Savez-vous ce qu'allait faire la charmante créole du *Swan?*

— Non.

— C'est un secret, Maurice ; mais un secret doit toujours être confié à un ami, sans cela ce n'est plus un secret : il perdrait son caractère. La belle Créole se rendait donc à la ville du Cap pour y épouser M. Albin Luxton, riche Anglais qui se marie souvent à l'exemple de beaucoup de planteurs très-féconds en veuvages.

En causant avec Elora, entre la dernière étoile et le premier rayon du soleil, j'ai appris ce projet de mariage. Il m'a semblé plaisant de tromper un mari anglais avant la noce, et d'être plus perfide qu'Albion. Je suis sur le chemin de la réussite. La belle Créole a renoncé à la ville du Cap ; elle a pris droit de cité parmi nos colons. L'Anglais l'attendra toujours... Maurice, mon apologue a-t-il besoin d'être expliqué?

— Votre apologue, Alcibiade, est une insulte à Lucrèce : je le comprends très-bien, sans votre explication.

— Et qu'avez-vous fait, vous, Maurice? A peine en haute mer, vous vous êtes épris d'une jeune femme, la veuve d'un ami ! Eh bien ! pourquoi Lucrèce, dans une ennuyeuse traversée de cinq mois, ne peut-elle pas rencontrer sur le pont de son navire quelque jeune amour tropical, qui lui fasse oublier l'écolier parisien?

Voyons, est-ce impossible cela ? Répondez, Maurice...

— Ce n'est pas absolument impossible, bégaya le jeune homme.

— Vous comprenez donc, Maurice, qu'un acte de désespoir est, en amour, un acte d'absurdité. Attendre est le verbe de la sagesse.

Voyez d'ici la figure que j'aurais, moi, si je rencontrais un jour Lucrèce mariée avec quelque passager de l'un ou de l'autre monde, et si je ne pouvais faire cette confidence qu'à votre tombeau.

— Lucrèce mariée à un autre ! — dit Maurice avec un accent étrange.

— Ah ! ceci est de l'inattendu ! s'écria

Alcibiade ; le voilà jaloux de cet autre ! il aime encore un peu Lucrèce !.... Mon ami, je vais vous conduire pieds et poings liés devant votre femme et devant la mienne, et ensuite nous attendrons ce qui ne manque jamais d'arriver..... l'avenir...

Le brick de Sainte-Lucie.

XXXV.

Maurice fut entraîné violemment par son ami vers la terrasse de l'habitation où les deux femmes étaient assises, dans un paysage plein d'ombre, comme celui que

Corrége donne à son Antiope endormie à côté de l'Amour.

Alcibiade s'attendait à des reproches; la belle créole ne les lui épargna pas.

— Madame, — lui dit-il, après les avoir subis gracieusement, — l'intérêt de notre colonie naissante passe avant tout; nous venons de découvrir, mon ami et moi, du haut d'un rocher, un bas-fond légèrement marécageux qu'on peut changer en rizière.

C'est justement ce qui nous manque au nord de l'île. Nous manquons de riz; c'est le blé de l'Inde. Je viens de calculer qu'une couffe de semence dans cette future rizière doit nous donner, tous les ans, une récolte suffisante pour les besoins de cinq cents colons.

— Vous voilà pleinement justifié, monsieur de Saint-Blanchart, — dit la jeune créole en inclinant devant lui son éventail de plumes de Bengalis ; — nous pensions bien, Louise et moi, que l'intérêt seul de la colonie pouvait vous retenir quand vous étiez appelés... Monsieur Maurice paraît encore tout préoccupé de vos calculs agricoles.

— Moi ! madame ! — dit Maurice, comme s'il se fût réveillé en sursaut.

— Mais, poursuivit la créole, je tiens toute prête, monsieur Maurice, une nouvelle qui va vous enlever votre air sérieux.

— Ah! voyons la nouvelle! — dit Alcibiade d'un ton léger et en arrondissant son bras droit derrière l'épaule de Maurice, pour le soutenir d'une crise de faiblesse inévitable.

Ainsi posés debout, les deux amis ressemblaient au beau groupe antique de Castor et Pollux.

— Devinez, demanda la jeune créole.

— Vous voulez que je devine votre nouvelle? dit Alcibiade; je vais essayer... voyons... il a été décidé, en conseil de colons, que nous allions faire une grande chasse aux bœufs sauvages, vers le nord.

— Oh! que vous êtes loin de la nouvelle! — dit la jeune créole avec un éclat de rire nonchalant.

— Attendez, madame, je vous prie, continua Alcibiade; notre tribu a fait un traité de paix avec la reine des Hovas..... ai-je deviné, cette fois?

— Mon Dieu! non. La reine des Hovas nous inquiète fort peu ici, et nous ne faisons jamais l'honneur à cette majesté noire de nous occuper d'elle... Essayez une troisième fois de deviner, avec l'aide de votre ami, monsieur Maurice qui vous laisse parler tout seul.

— Ne prenez pas garde au silence de Maurice, dit Alcibiade; il est absorbé par son projet de plantation, et au fait, il est plus sage que moi.

Maurice s'inclina, et se dispensa ainsi de parler.

— Eh bien! messieurs, dit la belle créole, puisque votre sagacité vous fait défaut, nous allons venir à votre aide.....
Voici donc la grande nouvelle de la colonie..... Le brick du port de Sainte-Lucie qui fait le service de la côte arrive demain, et nous amène... Devinez qui?

Maurice chancela sur ses pieds, et une pâleur mortelle couvrit sa figure. Alcibiade le soutint par une étreinte, dont la gracieuse adresse dissimula la vigueur.

— Monsieur Maurice, dit la créole, s'il y avait des reptiles à Madagascar je croirais que le serpent *Cobra-Capel* vient de vous piquer au talon.

— C'est que, dit Maurice d'une voix éteinte, — la chaleur est étouffante..... même à l'ombre... et...

— Prenez mon éventail, — dit Louise, que l'état de Maurice préoccupait visiblement.

— Merci, Louise...

Et le jeune homme, acceptant l'offre, se voilà le visage sous prétexte de se rafraîchir.

— Voyons ! — dit légèrement Alcibiade, en regardant la voûte des arbres,

— si je puis deviner la personne qui nous arrive demain... c'est une visite de Surcouf?

— Non.

— Vraiment je me trouve absurde aujourd'hui; excusez-moi, madame, il y a des jours où l'esprit émigre... c'est, je crois, l'influence du vent du Sud.

— Décidément, poursuivit la créole, il faut tout vous dire, à moins d'attendre le vent du Nord... Eh bien! le missionnaire romain de la Propagande, attaché au service de la côte, et qui visite Diego-Suarez quatre fois par an, nous arrive demain, pour marier les colons catholiques qui veulent recourir à son ministère.

C'est notre patriarche Van-Gelden qui vient de nous apprendre cela. Vous auriez mis sans doute plus d'empressement à venir si vous aviez deviné ce que nous avions à vous dire. N'est-ce pas, messieurs?

A mesure que la belle créole parlait, l'éventail mettait à découvert le visage de Maurice, et l'expression de terreur et de désespoir, qui contractait sa physionomie, se modifiait graduellement et se teignait de nuances douces.

Aux derniers mots de la jeune femme, Maurice dont la pensée avait déjà dévoré un demi-siècle d'avenir, poussa un cri de joie; et serrant la main que Louise lui tendait, il dit avec feu :

— Nous sommes ici au-dessus des lois et des coutumes ; ma chère Louise, le terme légal de votre veuvage expire demain; c'est la Providence qui le veut ainsi.

Demain, vous serez ma femme, et nous partirons ensuite avec mon père, pour aller nous établir dans quelque colonie où nous vivrons du travail de nos mains.

La première partie de ce petit discours fut accueillie par des sourires de joie, mais la seconde excita une sorte de stupéfaction.

La belle créole fut l'interprète des sentiments de Louise, et elle dit avec une nonchalance plus vive que d'habitude :

— Y songez-vous sérieusement, monsieur Maurice? Je comprends très-bien votre mariage, mais je ne comprends pas votre départ. N'avez-vous pas ici dans cette colonie d'amis et de compatriotes, tout ce que vous allez chercher ailleurs ?

Vous êtes au milieu de vos frères ; vous fondez un établissement français dans le plus beau pays du monde ; à votre exemple, tous ces jeunes colons venus avec vous vont se marier pour ne former qu'une seule famille, comme les Hollandais du Port-Natal.

Souvent, monsieur Maurice, quand les

idées républicaines rentrent dans votre esprit, à votre insu, vous souriez encore à ces beaux rêves de fraternité que vous avez appris à l'école de vos philosophes parisiens ; quelle plus belle occasion de donner raison à ces rêves ! est-il bien nécessaire, pour fonder une République, de vivre dans une ennuyeuse ville du Nord, entre la boue et le brouillard, avec dix mois de pluie sur la tête ?

La République est fille du soleil ; elle ne peut vivre que dans les rayons de son père, parce que le pauvre n'a besoin de rien quand la terre et le ciel lui donnent tout, comme aux lieux où nous sommes aujourd'hui !

En parlant ainsi, la jeune femme était superbe d'animation orientale : on eût deviné, sans la connaître, qu'elle appartenait à ces merveilleux gynécées de Pano-Pei et de Noor-Jéhan, dont les filles indolemment endormies sur les édredons de cachemire, se réveillaient tout-à-coup, comme leurs sœurs du Thermodon, suivant leurs époux à la bataille, traversaient les cinq rivières de Lahore, et, comme dit leur poète, *épuisaient, dans la mêlée, les flèches de cinq carquois.*

Le brick de Sainte-Lucie.

(SUITE.)

XXXVI.

Maurice, foudroyé par l'apostrophe de la belle créole, voulut balbutier une réponse, et son regard, obliquement dirigé sur Alcibiade, sollicitait un service d'ami.

— Madame, — dit Alcibiade du ton

d'un homme qui n'est pas sûr de ce qu'il va dire, — je connais, moi, le caractère de Maurice, et je m'explique très-bien cette fantaisie qui le pousse à ce départ précipité. Notre jeune ami est toujours entraîné, par sa nature, vers l'inconnu. Quand il voit un beau pays, il en rêve tout de suite un meilleur.

Ce n'est pas de l'inconstance, c'est de la curiosité. Laissons-lui faire cette expérience d'émigration, et je lui promets à lui-même qu'il ne tardera pas de nous revenir, désenchanté de ce qu'il aura vu ailleurs, et amoureux de ce qu'il aura quitté ici.

— C'est possible, — dit Maurice avec une indifférence affectée.

— J'en suis certain, — ajouta son ami.

Cet entretien, devenu très-inquiétant pour les deux hommes et très-mystérieux pour les deux femmes, fut brusquement interrompu par des voix confuses qui partaient de la ferme.

En toute autre circonstance, Alcibiade et Maurice auraient fermé l'oreille à ces bruits extérieurs, sans y trouver prétexte à désertion ; mais à ce moment d'embarras, ils affectèrent une curiosité assez inconvenante, et sortirent du massif d'arbres pour regarder du côté de la ferme.

Il y avait foule de colons, hommes et femmes, et les yeux de tout ce monde semblaient dirigés vers le petit chemin de descente qui conduisait à la mer.

— Allons voir ce que nos amis regardent, — dit Alcibiade, en offrant son bras à la jeune veuve Van-Velde.

Ce qui fut imité par Maurice et Louise.

Les deux couples s'acheminèrent vers la ferme, et là ils apprirent la nouvelle du moment.

Le brick de *Sainte-Lucie,* annoncé par le facteur des dépêches, venait de jeter l'ancre dans le golfe voisin, grâce au vent du Sud qui lui avait fait gagner vingt-quatre heures. Maurice serra contre son cœur le bras de Louise, et lui dit :

— Je n'écoute le conseil de personne; vous serez ma femme demain, et nous profitons du retour de ce brick pour aller nous établir ailleurs. C'est un conseil, d'ailleurs, que mon père m'a donné.

— Maurice, — dit Louise avec sa résignation habituelle, — je vous suivrai partout.

Les passagers du brick montaient la colline, et on les apercevait, par intervalles, dans les éclaircies des arbres.

Quand ils eurent atteint le plateau, on vit paraître un palanquin, porté par quatre Malais.

A quelques pas plus loin, un missionnaire, vêtu de noir et coiffé d'un large chapeau de paille, marchait lentement, et lisait, sans regarder autour de lui, comme saint Françoix-Xavier, le Vasco di Gama de la religion.

Le palanquin excitait une curiosité bien vive parmi les colons de la ferme ; l'œil pénétrant d'Alcibiade cherchait à percer les rideaux de soie de Chine flottants, pour découvrir la mystérieuse passagère qui venait visiter ainsi la ferme des Van-Gelden.

Maurice éprouvait un saisissement inexplicable, et laissait tomber le bras de Louise, comme un fardeau trop lourd.

A côté du palanquin, Sidore Brémond marchait aussi vite que le lui permettait sa jambe raccourcie, et faisait, avec son chapeau, des signes que personne ne comprenait, et qui avaient un sens profond, comme tout ce que disait le marin.

Le palanquin s'arrêta.

Les rideaux s'entr'ouvrirent, et une jeune femme, vêtue d'une robe blanche, et réfugiant sa tête sous une ombrelle, s'élança d'un pied leste sur le sol de la colonie.

Sidore Brémond fit un dernier effort pour accélérer sa marche boiteuse et prévenir une crise inévitable.

Il n'était plus temps. Maurice était déjà très-amicalement embrassé par la jeune femme du palanquin, et Louise, poussant un cri de douleur, tombait évanouie sur le gazon.

— Mon Dieu ! s'écria Sidore Brémond, voilà ce que je voulais éviter !

— C'est vous, Lucrèce ! c'est vous ! murmura Maurice comme un cadavre galvanisé.

— Oui, oui, — dit Lucrèce avec un visage plein de larmes et de sourires. — C'est moi, et je sais tout.

Votre père m'a tout appris par une étourderie heureuse... Mon cher Maurice, mon cher fils, je viens de très-loin pour... assister à votre mariage avec Louise Genest. Mon amour pour vous n'a jamais été que du dévouement. Êtes-vous content de moi, Maurice ?

— Mon cher enfant, dit Brémond, quand je vois arriver un vaisseau, il faut que je coure au port, c'est mon habitude. Là-bas, j'ai rencontré madame, et je lui ai tout dit, sans savoir ce que je disais. Elle a été superbe comme une reine de l'Inde. Si je n'avais pas quarante-huit ans, je l'épouserais pour toi.

Lucrèce courut à Louise qui reprenait ses sens, par les soins d'Alcibiade et de la belle créole.

— Ma belle enfant, lui dit Lucrèce, vous ne savez donc pas que je suis la sœur de votre Maurice, et que je viens exprès pour assister à vos noces? Embrassez-moi, ma chère Louise, ma chère sœur.

Louise tendit la main à Maurice, en souriant, et lui dit :

— Pardonnez-moi cette faiblesse ; c'est la première fois que je vous ai fait comprendre que je vous aimais.

Pour faire une heureuse diversion à cette scène qui avait ému tous les colons, Alcibiade éleva la voix, et dit d'un ton grave :

— Mes amis, ce jour commence une époque. Nous fondons ici une colonie nouvelle ; nous donnons une fille à la France. Les déportés du 14 nivôse offrent ce don à la mère-patrie pour se venger des rigueurs de ses arrêts politiques. Voilà ce que doivent faire de vrais patriotes.

La France est partout, et on peut la servir partout où vous verrez son drapeau national, au mât d'un vaisseau, à l'arbre d'une plantation, au toit d'une ferme, au rocher d'un promontoire désert. Mes amis, je vous invite tous au travail de la colonisation ; la charrue a du fer comme l'épée ; elle ennoblit aussi la main qui la touche, de plus, elle ne tue pas, elle fait vivre. Entre ces deux armes, votre choix n'est pas douteux.

Un long murmure d'adhésion accueillit ces paroles ; tous les visages s'illuminèrent de joie, et c'est ainsi que fut fondée, au commencement de ce siècle, cette colonie qui s'étendit ensuite jusqu'à Mayotte; et, de là, les mains des colons se tendent encore vers la France oublieuse, à l'heure même où j'écris cette histoire, sous le pseudonyme de roman.

La déportation et l'émigration, ces deux choses si redoutées et si peu redoutables, ont porté les plus heureux fruits sur ces terres lointaines.

Les innocents criminels de Sinnamary, de fructidor et du 14 nivôse, ont donné au monde tropical l'exemple de toutes les vertus primitives.

Les races du Nord se sont croisées avec les races du Midi, et ces féconds hyménées promettent de rajeunir le corps humain, si longtemps privé de cet élément rénovateur.

Ainsi doit s'accomplir la destinée du monde.

Les peuples ne périssent pas; ils se déplacent.

L'Orient nous a versé la civilisation du haut de l'Himalaya ; l'Occident doit la lui rendre. Après le flux le reflux : c'est le mouvement perpétuel des Océans et des sociétés.

FIN DU TRANSPORTÉ.

LA FAMILLE DHERBIER.

I.

UNE TABLE D'HOTE A TOULON.

Cette histoire commence le 9 août 1842. Ce jour-là il y avait un mouvement extraordinaire à l'hôtel de la Croix-d'Or à Toulon.

Depuis 1830, Toulon est le péristyle de l'Afrique.

Le département du Var n'est séparé que par un ruisseau du département de l'Atlas ; un pont de vapeur lie la France des prairies à la France des lions.

Aussi un jour viendra, quand l'Orient aura raison contre l'Occident, le Midi contre le Nord, le soleil contre la boue, un jour viendra où l'on ne dira plus à Paris qu'il faut abandonner Alger, mais où l'on dira, dans Alger, qu'il faut abandonner Paris.

Nous posons aujourd'hui, à notre insu, la première pierre de ce monument de l'avenir.

Quand Alger débarque à Toulon, vers les cinq heures du soir, la table d'hôte de la Croix-d'Or est un véritable réfectoire de caravansérail, ou une scène en action de Paul Véronèse.

Les convives y forment une étrange mosaïque de coiffures et de vêtements; c'est une bigarrure qui plaît à l'œil, et qui console un peu l'artiste de la sombre monotonie que le journal des modes inflige aux populations.

A la Croix-d'Or, on s'aperçoit qu'on se met à table aux portes de l'Orient : on y coudoie des caftans, des vestes de velours, des pelisses, des burnous; on met son chapeau sur un turban ; on dépose sa canne ou son parapluie sur un trophée de damas, de yatagans ou de cimeterres; on interroge en langue franque des Arabes qui vous répondent en provençal ; on sert du vin à des Turcs qui le boivent sans eau ; puis, quand arrive le dessert, la confusion des langues éclate avec tant de verve orientale, que le voyageur, rajeuni de cinq mille ans, peut croire qu'il est entré à l'auberge de la Tour-de-Babel, à l'heure où les maçons, fils de Japhet, prennent leur repas du soir.

Un fait bien digne de remarque est celui-ci : au moment où les Turcs de Constantinople adoptent notre costume stupide, notre redingote, notre pantalon à sous-pieds, nos bretelles et notre chapeau de castor, pour se mettre, disent-ils, au niveau de notre civilisation, nous, occidentaux, nous adoptons le costume des Turcs.

Aussi, à la table d'hôte de la Croix-d'Or, les artistes, les spahis, les zouaves, les botanistes de l'Atlas, les poètes, les Anglais, les chasseurs au lion, les Horace Vernet qui s'en reviennent d'Alger avec leurs barbes abrahamiques, leurs turbans, leurs larges brayes, leurs visages boucanés, humilient si fort notre déplorable nudité, tissue à Sedan et à Elbeuf, que bientôt la France entière rougira de la mode de ses tailleurs, et fera un échange complet de ses habits avec les fils du prophète.

Toute la question d'Orient est dans ce progrès.

Ce jour-là, quand le dîner commença, toutes les places, moins une, étaient occupées autour de la table.

A côté du siége vacant s'était assis un jeune homme de vingt ans, dont la figure, pleine de vivacité, de fraîcheur et d'étourderie, contrastait avec les faces brunes et graves de ses deux voisins, officiers de spahis.

A la fin du premier service, le jeune homme, qui n'avait pas cessé de donner des signes d'impatience, appela *un* garçon et lui dit :

— Avez-vous annoncé à M. Dherbier que nous sommes à table ?

— Oui, dit le garçon, le numéro un va descendre, il finit son courrier de Paris.

— Il paraît que le papa n'aime pas le rôti, dit l'officier de spahis au jeune homme en lui faisant une politesse d'assiette.

— Mon père est toujours accablé d'affaires au moment des repas, répondit le jeune homme.

— Il est dans les fournitures de l'armée, monsieur votre père ?

— Non, capitaine.

— Je lui conseille, pour se mettre en appétit, de faire une traversée de Toulon à Alger. Il y a soixante heures, monsieur, que je n'ai mis un morceau sous la dent. Aussi, en arrivant, j'ai oublié mon courrier de Paris, moi.

— Capitaine, j'aime bien votre costume de spahis; il est superbe!

— Et encore nous sommes en petite tenue; il faut nous voir à Babazoun quand nous allons faire une course par là-bas.

— Avez-vous de beaux chevaux?

— Comme ça : nous pourrions avoir beaucoup mieux. Moi, je ne me plains pas; je suis assez bien monté. J'ai la cavale de Ben Aïssen, une fine bête, je vous en réponds.

— Arabe?

— Diable! je crois bien ; née à Constantinople en 29. On a beaucoup négligé les chevaux en Algérie depuis l'occupation. C'est un tort presque irréparable aujourd'hui. Si, en 1830, on avait établi des haras en Afrique, nous aurions la première cavalerie du monde, et nous serions maîtres partout.

— C'était une idée bien simple, capitaine.

— Voilà pourquoi elle n'est tombée dans la tête de personne. Ils ont voulu coloniser! coloniser, quoi? des rochers et des Arabes qui ont la tête plus dure que les rochers. Il fallait faire de l'Afrique le haras de la France et une haute école d'équitation. Aimez-vous les chevaux, mon jeune homme?

— Oh! c'est ma passion! je suis fou des chevaux, capitaine.

— A votre âge, il faut monter à cheval souvent.

— Mon père a vendu tous ses chevaux... C'est que, voyez-vous, lorsqu'on est dans les affaires, il faut s'interdire tous les plaisirs.

— Vous aussi, vous êtes dans les affaires?

— Eh! mon Dieu, oui. Mon père me destinait à la médecine; j'ai étudié un an, et me suis dégoûté de cette science. Je crains l'odeur des hôpitaux. J'ai passé à l'école de Droit, et après trois inscriptions, je me suis dégoûté du droit. Alors, mon père m'a reconnu une vocation pour les affaires, et il m'a nommé son commis-voyageur.

— Mon jeune homme, il n'y a plus aujourd'hui qu'une seule profession pour ceux de votre âge, l'état militaire. Que diable voulez-vous faire de votre temps et de votre jeunesse en France? Voilà dix minutes que j'y suis, et l'ennui m'accable déjà. En Afrique, nous sommes au paradis. Nous vivons comme des hommes doivent vivre. Nous faisons une guerre charmante. Il n'y a que les maladroits de tués. Nous gagnons des croix, des épaulettes et des chevaux. Tel que vous me voyez, j'étais simple hussard en 1835. Lamoricière et Changarnier sont deux rois absolus. Le pays est superbe. Nos batailles sont des promenades à cheval ou des courses au clocher dans des jardins d'aloës, d'orangers, de jasmins et d'acacias. Nous ne savons jamais l'heure qu'il est. Il n'y a pas d'heures en Afrique. On s'amuse toujours. Que Dieu conserve Abd-el-Kader! Le drôle en campagne est aussi heureux que nous; il veut faire durer le plaisir. Un jour je l'ai tenu cinq minutes au bout de mon pistolet, ce coquin de Marabout; sa vie était dans la première phalange de ce doigt. Je ne l'ai pas tué pour ne pas tuer la guerre. Vous voyez que j'aime mon état.

Le jeune interlocuteur de l'officier de spahis écoutait avec un enthousiasme muet ces paroles, et il allait le traduire en expressions ardentes, lorsque l'arrivée subite d'un nouveau convive suspendit la conversation.

Le numéro 1, ou pour mieux dire, M. Dherbier, entrait de l'air d'un homme d'affaires qui est furieux d'avoir de l'appétit comme un oisif.

Son front saillant et couvert de cheveux gris crépus, gardait encore dans ses plis tous les soucis déposés dans une correspondance de vingt lettres.

Il s'assit brusquement à côté de son jeune fils, releva les manches de son paletot de coutil; et dit au garçon qui lui présentait le potage : Je prends le dîner où il est ; donnez-moi une aile de quelque chose et de la glace. Vite! vite! à six heures et demie, j'ai rendez-vous au Mourillon : il est déjà cinq heures vingt-cinq minutes, mon petit Antonio.

Antonio, en voyant entrer son père, avait pris un air grave et mangeait avec la lenteur d'un homme qui pense à ses affaires, même en dînant.

— A propos! dit M. Dherbier, en rappelant le garçon de la table d'un signe impérieux de la main, j'avais oublié ces dames! Monte au numéro 1 une volaille froide et des confitures. Entends-tu?... Antonio, ta mère et ta sœur ont perdu l'appétit. Il fait si chaud ! Après le dîner, donne-leur un tour de promenade au Jardin-des-Plantes ; on leur a dit qu'il y avait deux palmiers, et ta sœur Hélène ne rabâche que palmiers depuis ce matin. Les femmes n'ont que des folies en tête !

Antonio s'inclina devant l'ordre paternel.

— Diable ! poursuivit M. Dherbier en promenant ses regards autour de l'ellipse de la table d'hôte, nous sommes quarante à 3 fr. 50 par tête, cela fait 140 fr. C'est joli ! M. Durbec ne doit pas dire du mal de la guerre d'Alger. Autant chaque jour, cela fait deux mille cinq cent cinquante-cinq louis.

M. Dherbier se tut pour écouter le monologue d'un convive qui résumait une discussion sur l'Algérie.

L'orateur était un homme de trente-cinq ans, calme et grave dans sa figure austère et dans son torse raidi sur le dossier de sa chaise.

Il parlait en regardant son assiette vide, sur laquelle il battait la mesure avec la pointe d'un couteau.

— Oui, messieurs, disait-il, nous sommes dans ce moment à la période de la guerre de Marius en Afrique. Les deux situations sont parallèles. Abd-el-Kader est

Jugurtha sous un autre nom, avec cette différence toutefois que notre jeune émir n'est pas sanguinaire et cruel comme Jugurtha. Car vous savez très-bien que Jugurtha fit périr dans d'horribles tortures le malheureux Adherbal, petit-fils de Massinissa. Nous n'avons aucun acte de cette nature à reprocher à Abd-el-Kader. A cela près, nos guerres sont les mêmes. Marius, comme dit Salluste, battait toujours Jugurtha, mais ne terminait jamais rien, ainsi que l'atteste ce passage : *Quæ postquam Marius gloriosa modo neque belli patrandi cognovit,* etc. Une ressemblance nous manque encore, mais attendons, et l'histoire contemporaine nous la fournira ; car les siècles se copient mot à mot. Cette ressemblance la voici :

Un jour viendra où le général Négrier, lui ou son successeur, sera bloqué dans Constantine par Abd-el-Kader, comme Adherbal le fut par Jugurtha dans cette même ville, alors appelée Cirta. Il devrait résulter pour nous une bonne leçon de cette expérience antique. Ce serait de restreindre la conquête et de nous créer une colonie fertile sous le canon d'Alger. Nous aurions ainsi une province féconde, plus belle que la Touraine ou la Normandie, semée de petits villages à redoutes étoilées, se défendant l'un l'autre, et qui deviendraient bientôt des centres d'agriculture et d'industrie, dans un climat qui donne toujours beaucoup à ceux qui lui demandent peu. Il n'y a que trois choses pour nous en Afrique : Alger, le Sahel et la Mitidja. Alger est le château, le Sahel le jardin, la Mitidja la campagne. Aux deux extrémités de la campagne, nous fortifions Coleah et Blidah, et de redoutes en redoutes, ou de villages en villages, nous établissons des lignes de défense qui permettent à l'industrie et à l'agriculture de se développer, sans être inquiétées par les Arabes. Envoyons ensuite dans le Sahel quatre mille forçats qui auront au bout de cinq ans la perspective de la liberté; employez leurs mains robustes à défricher ce beau pays, voisin d'Alger, ces riches vallées, ces ravins sauvages, où il y a tant de soleil, de sol généreux et d'eaux vives, et dans un laps de temps fort court, nous aurons une petite et jeune France sous l'Atlas qui nourrira sa vieille mère, comme autrefois la Sicile nourrissait Rome sous la questure de Cicéron. Au reste, messieurs, ceci n'est qu'une esquisse de mes idées; j'espère un jour développer à la tribune mon système avec quelque succès.

L'officier des spahis caressa le bout de de sa longue barbe, et fit un léger mouvement d'épaules; mais tout son mépris pour la théorie du préopinant se borna à ces signes muets de désapprobation. M. Dherbier se pencha à l'oreille de son fils et lui dit :

— Ce monsieur parle supérieurement ; c'est un député. Je saurai son nom. Il nous faudrait beaucoup de députés comme celui-là.

M. Dherbier, qui avait accompagné d'un long sourire approbateur le système de l'orateur de la table, cherchait une occasion de nouer directement l'entretien avec lui.

Elle ne se fit pas attendre.

Après un échange de phrases avec ses interlocuteurs, le partisan de la colonisation restreinte prononça ces mots :

— Au reste, messieurs, après avoir étudié la colonisation romaine dans les livres, il est utile pour un économiste d'observer la colonisation anglaise dans les Indes... Ce sera le but de mon dernier voyage.

— C'est un voyage bien court aujourd'hui, dit M. Dherbier ; une promenade de quelques mois.

— Je ne suis pas bien fixé sur les détails et l'ensemble d'un pareil voyage, dit le voyageur ; mais à Marseille je prendrai mes renseignements.

— Si monsieur le désire, dit Dherbier en s'inclinant, je puis les lui fournir moi-même. J'ai des actions dans la maison Waghorn et compagnie, de Londres. Nous avons l'entreprise du voyage de l'Inde.

— Ah ! voilà qui se rencontre bien ! Je vous serai très-obligé, monsieur, de votre complaisance. Je connais parfaitement l'itinéraire de Malte en Égypte. Quel est le prix du passage de Suez à Bombay?

—Première classe deux cents roupies, et cinquante pour un domestique, les frais de la table en sus, bien entendu. C'est le prix de la cabine. De Suez à Calcutta, en faisant échelle à Ceylan et à Madras, une cabine pour deux passagers, choisie dans les meilleurs numéros 1, 2, 13 et 14, est payée 1,500 roupies. Vous voyez que c'est pour rien. Au reste, monsieur, si vous avez la bonté de me donner un quart-d'heure après dîner, je mettrai sous vos yeux le travail que j'ai fait sur le voyage de l'Inde ; je le porte toujours avec moi. Il est là-haut dans mes papiers.

— On n'est pas plus obligeant, monsieur ; j'accepte votre offre avec le plus grand plaisir.

Dans le tumulte qui accompagne la fin d'un dîner, M. Dherbier donna ce conseil à son fils :

— Antonio, mon ami, dans le long voyage que tu vas faire, ne dîne jamais seul dans ta chambre, comme un grand seigneur qui méprise l'instruction ; prends toujours ton couvert à table d'hôte. On y rencontre des hommes érudits, on y fait d'excellentes connaissances, et rien n'est perdu. Voilà un député qui pourra m'être utile un jour : si j'eusse dîné dans ma chambre, je ne l'aurais pas connu.

M. Dherbier se leva, et, arrondissant gracieusement son bras, il dit au voyageur : — Monsieur, je suis à vos ordres.

Les convives reprirent leurs chapeaux, leurs épées, leurs cannes, leurs turbans, leurs calottes, leurs burnous, leurs casques, et se répandirent dans les corridors avec le fracas d'une charge de cavalerie à pied.

Antonio se laissa dépasser par son père, et ne voulut pas se séparer de l'officier de spahis sans lui faire l'adieu d'un bon serrement de mains.

L'officier frappa sur l'épaule d'Antonio, et, se relevant dans toute la souplesse de sa haute taille, il lui dit :

— Mon jeune homme, tous ces théoriciens de papier nous font plus de mal que les Arabes; méfiez-vous de ces gens-là. Votre père m'a l'air d'un bon enfant ; qu'il se tienne sur ses gardes! Il a trop d'affaires pour avoir le temps d'être fin.

— Vous connaissez donc ce monsieur ? demanda vivement Antonio.

— Non, je ne le connais pas, mais sa figure n'est pas de mon goût : il a le front dur, l'œil vert, le nez de l'aquilin le plus aigu, la bouche sans lèvres. Nous sommes habitués à voir des hommes, nous, puisque les armées en sont faites, et je vous réponds que je ne me trompe pas sur le compte de ce colonisateur à l'arrosoir. Il cherche à se coloniser. Adieu, mon brave jeune homme ; venez nous voir là-bas ; je vais marier ma sœur à La Rochelle, et je m'en reviens après le bal. Demandez le capitaine de spahis Rustan-Bey : c'est mon surnom.

— Capitaine, je ne l'oublierai pas.

La famille Dherbier.

II.

Lorsque Antonio entra dans l'appartement numéro 1, son père venait de présenter l'étranger à sa femme et à sa fille. Celui-ci disait en se relevant d'une profonde salutation : « Vraiment, monsieur

Dherbier, on ne saurait deviner laquelle de ces deux dames est la mère de l'autre !

En faisant la part de l'exagération qui accompagne souvent une galanterie, ce compliment était assez juste.

L'éclat de la jeunesse rayonnait sur le visage de la mère et de la fille, on voyait que madame Dherbier avait reçu le titre d'épouse à l'âge le plus rigoureusement légal du code de l'hymen, ce qui donne souvent aux mères la joie de paraître les sœurs de leurs filles.

Madame Dherbier a sur toute sa personne cette distinction aisée dont les femmes intelligentes de la classe bourgeoise savent se parer de nos jours, dans les habitudes d'une grande fortune et d'une bonne éducation : c'est une blonde charmante, avec des traits d'une délicatesse exquise, avec des yeux d'un bleu vif comme le noir, avec des lèvres veloutées, où la parole et le sourire se confondent toujours.

Ses cheveux, d'une teinte lumineuse et douce, se divisant sur le front en ondulations gracieuses, viennent se rattacher avec opulence derrière la tête, et retombent en cascades d'or fluide sur l'ivoire arrondi du col ; la réunion de tous ces charmes ne constitue pas la beauté sévère et classique comme l'artiste la demande pour son œuvre ; mais en dehors des exigences de l'art, il y a une grâce et une séduction sensuelles qui donnent un attrait particulier à la femme en l'éloignant du domaine de l'idéal.

Telle est madame Eugénie Dherbier, et elle forme un contraste piquant avec sa fille Hélène, brune svelte, avec des cheveux d'un noir d'ébène, et une de ces figures d'ange sérieux, comme le peintre Fiésole les incline dans la scène du jardin des Olives.

Ainsi posées l'une et l'autre, la mère effleurant de ses lèvres le front adorable de sa fille, elles étaient bien la femme de la terre et la femme du ciel.

M. Dherbier traversa un archipel de malles, de caisses, de ballots, attirail ordinaire des riches familles en voyage, et ouvrit une cassette pleine de papiers qu'il éparpilla sur un guéridon avec la plus vive dextérité.

Les deux dames et Antonio, qui paraissaient avoir une mortelle aversion pour toute chose ressemblant à une affaire, se groupèrent sur le balcon, où les arbres et la fontaine voisine envoyaient une fraîcheur délicieuse.

L'étranger inconnu, dans lequel M. Dherbier s'obstinait à voir un député, suivait d'un œil attentif, et en silence, la revue des registres de commerce à mesure que la main exhibait au grand jour leurs numéros et leurs titres.

Cette opération lui donna, beaucoup mieux qu'un entretien aurait pu le faire, la plus haute opinion du rôle que M. Dherbier tenait dans l'industrie européenne : il voyait défiler devant lui tous les noms des villes commerçantes de l'univers, gravés en majuscules sur des couvertures de parchemin, et accolés à des initiales mystérieuses.

Tout en feuilletant cette bibliothèque universelle, pour y trouver le chapitre de la maison Wagorhn et compagnie, M. Dherbier faisait un monologue assez étrange :
« Vous avez vu là, monsieur, disait-il, à peu près toute ma famille... J'ai déjà eu

le malheur de perdre ma femme... la mère d'Antonio et d'une autre fille... qui n'est pas avec moi... J'ai déjà connu les ennuis du veuvage... Lorsque l'on est dans les affaires comme moi, et quelles affaires!... il faut se marier, surtout si l'on a des enfants... Où diable ai-je fourré ce registre de Wagorhn?... Il était avec ma série des Indes Orientales! Je me rappelle fort bien que mon associé me l'a donné à Paris... Oh! nous le trouverons... j'ai encore un quart d'heure à moi... Prenez la peine de vous asseoir... Antonio, je n'ai plus besoin de toi; je te reverrai ce soir, à neuf heures, pour te donner ma dernière instruction. Conduis ces dames au Jardin-des-Plantes, sur le port, à l'Arsenal, où tu voudras.

Les dames et le jeune homme que cet ordre rendait enfin libres, firent en un clin d'œil leur toilette de promenade et descendirent l'escalier lestement, comme s'ils eussent craints d'être rappelés.

Comme ils mettaient le pied sur la place bruyante qui sert de cour à l'hôtel, des fanfares éclatèrent dans la rue voisine.

C'était un régiment qui partait pour l'Afrique, musique en tête, enseignes au vent.

L'orchestre militaire exécutait le finale du deuxième acte de *Robert*, ce superbe cri de combat que Meyerbeer a composé;

une main sur le clavier, l'autre sur la garde d'une épée.

Les soldats, en défilant, semblaient faire éclater sous leurs pieds les notes fulminantes de l'hymne belliqueux.

On aurait dit qu'un ouragan d'harmonie emportait tous ces hommes, tous ces drapeaux, toutes ces baïonnettes, ce fleuve d'acier et de têtes menaçantes, à quelque bataille promise au lendemain.

Ceux qui les regardaient passer, entraînés eux-mêmes par l'excitation des fanfares, la furie des cuivres, l'ébranlement du sol, se ruèrent par les rues voisines, vers la rive du port, où les premiers guidons du régiment saluaient déjà les flammes des navires.

Le tableau s'était agrandi comme l'horizon.

Il semblait que la ville guerrière faisait de solennels adieux à une de ces armées qui allaient humilier les Pyramides ou l'Atlas.

Un murmure enivrant résonnait dans le flanc des vaisseaux et des citadelles.

Les tambours et les clairons échangeaient des roulements et des fanfares avec les orchestres lointains de l'escadre, et les regards qui suivaient le vol des canots, le flux et le reflux des soldats et des marins, le frémissement des ailes des frégates, le jeu des pavillons dans la douce lumière du soir, s'arrêtaient toujours sur le colosse à trois ponts, immobile devant la grosse tour, la proue tournée vers Alger, île noire qui n'attendait pour s'envoler comme un oiseau qu'un signe du doigt de l'amiral.

Parmi les groupes de spectateurs que nos soldats d'Afrique avaient entraînés sur la rive du port, il s'en trouvait un plus intéressant que tous les autres, et qui, en toute autre occasion, aurait seul absorbé l'admiration et la curiosité publique.

C'étaient nos deux jeunes dames de l'hôtel de la Croix-d'Or, et leur brillant cavalier, l'étourdi Antonio.

Ces trois personnes paraissaient attendries à ce spectacle, mais elles gardaient ce silence expressif qui accompagne une vive émotion.

Quand le régiment fut parti, la mère d'Hélène fit un sourire mélancolique et dit :

— Mon Dieu ! que cela est beau ! Il faudrait toujours voir de ces choses-là pour vivre ! Vraiment je rêverai de ce départ toute la nuit !... N'est-ce pas, Hélène, que cela t'a fait du bien ?

La jeune demoiselle inclina majestueusement la tête.

— Ma sœur, dit Antonio, cela m'a rappelé ce vers de Victor Hugo que nous lisions ensemble, un jour... tu sais...

> Et les vieux bataillons qui passaient dans les villes
> Avec un drapeau mutilé.

Les dames et Antonio se turent pour écouter les lointaines musiques du régiment et de l'escadre, et pour suivre encore des yeux nos soldats qui saluaient en passant le vieux *Muiron*, cette frégate qui ramena Bonaparte d'Égypte, après la victoire d'Aboukir.

En ce moment un canot s'arrêta, et M. Dherbier, malgré ses cinquante ans, s'élança de ce canot sur les dalles du quai.

— Eh bien! mes enfants, vous êtes encore là! dit-il en serrant avec une véritable affection paternelle et conjugale les mains de sa femme, d'Hélène et d'Antonio; si je vous eusse donné rendez-vous sur ce carré de pierre, je ne vous aurais pas rencontrés; prends mon bras, Hélène; Antonio, accompagne ta maman. Il faut rentrer à l'hôtel... J'ai cent choses à finir avant la nuit... J'arrive du Mourillon; vous voyez que je n'ai pas perdu mon temps... J'ai vu les ingénieurs; il n'y a rien à faire; le terrain est trop cher. J'écrirai au ministre. On agrandit Toulon de ce côté: l'idée est bonne. Toulon crève dans sa peau; il faut qu'il s'étende du côté de la mer. Le génie lui dispute la terre pouce à pouce. La mer est large avec de bons pilotis. A propos, mesdames, je ne vais pas seul à Alexandrie, j'ai un compagnon de voyage ; ce monsieur que vous avez vu dans ma chambre, notre convive, tu sais, Antonio, celui qui parle si bien d'Alger. Il n'est pas député, il le sera ; il se porte candidat au collége de... qui va faire une élection, parce que son représentant vient de recevoir une fonction salariée. Les électeurs sont furieux. M. de Céran, c'est le nom de ce monsieur, m'a lu sa profession de foi. Ah! c'est fièrement touché ! surtout le passage de l'Algérie. Antonio, mon ami, écoute, tu trouveras mes instructions sur le guéridon de ta chambre. Tu pars à neuf heures, ce soir, pour Aix. A Aix, tu as ta place à la malle-poste. Tu ne t'arrêtes à Paris que pour voir mon associé. Dans six jours, tu seras à Londres. Songe, mon enfant, que ton rôle d'homme sérieux commence. Tu dois être tout aux affaires, entends-tu ? tout aux affaires. C'est l'esprit du siècle, et le meilleur. Jusqu'à présent, tu n'as rien fait; aujourd'hui tu as vingt-un ans; tu es majeur; tu me représentes à l'étranger. Ainsi, mon ami, je te laisse réfléchir sur tes devoirs, et je compte sur ton bon sens.

Ils entrèrent à l'hôtel. M. Dherbier appela son domestique et lui dit :

— Que les chevaux soient prêts à neuf heures ; il nous faut une heure et demie pour aller à la campagne de mon frère ; nous arriverons au clair de lune et au frais.

Et M. Dherbier ajouta, comme en aparté :

— Ce cher frère, il y a vingt-cinq ans que je ne l'ai vu ! Voilà ce que coûtent les affaires ! Ah ! mon Dieu ! il faut se sacrifier pour ses enfants.

En Égypte.

En Égypte.

III.

En débarquant au port d'Alexandrie, M. Dherbier et M. de Céran étaient les meilleurs amis du monde.

M. de Céran, comme tous les esprits sérieux, ne craignait pas le mal de mer; il usa de ce privilége en passager officieux, et prodigua les soins les plus délicats et les plus assidus à M. Dherbier, lequel en témoigna la plus vive reconnaissance, dès qu'il put parler.

La terre ferme avait rendu à M. Dherbier la parole, le courage et l'activité.

—Nous nous séparons momentanément, dit-il à son compagnon de voyage, mais c'est pour nous revoir bientôt. J'espère que vous m'accompagnerez au Caire, à Suez et ailleurs.

— Dès que mes études me le permettront, dit M. de Céran, je serai tout à vous. J'ai quinze rudes jours à passer à Alexandrie ; il faut que je cause longtemps avec M. Gautier-d'Arc, mon ami, un homme charmant, qui connaît Mehemet-Ali comme je vous connais. Ceci se rattache à la question politique. La question commerciale aura son tour, et je veux l'étudier à fond dans les maisons européennes. Il faudrait que chaque député fît, comme moi, un noviciat en pays étranger. Quelles vives clartés peut jeter dans les affaires publiques un homme qui arrive avec l'expérience *de visu et auditu* !

Les deux voyageurs se serrèrent affectueusement la main.

L'un descendit à l'hôtel d'Orient, et l'autre à l'hôtel d'Europe, place des Consuls.

M. de Céran contracta le même jour quelques amitiés d'occasion ; il essaya la vie orientale dans ses procédés les plus nonchalants ; il fit de longues promenades avec le jeune docteur Gastal, du paquebot le *Scamandre* ; il eut de charmants entretiens avec M. Wolmann, ce voyageur aveugle qui écrit ses impressions de voyage et peint les ruines et les monuments qu'il a vus avec les doigts ; il acheta des chibouques et des caftans de rencontre au Grand-Bazar ; il abusa du sommeil, de la sieste et de la vie horizontale ; et les quinze jours de ses graves études étant expirés, il se rendit chez M. Dherbier, en affectant le maintien d'un homme accablé sous le poids des veilles et des méditations.

M. Dherbier venait de terminer un faisceau de lettres qu'il expédiait au cinq parties du monde.

Il se leva vivement pour recevoir M. de Céran, et rajustant sa toilette dévastée par les convulsions épistolaires :

— Mon cher monsieur, dit-il, je suis prêt à partir avec vous pour faire une promenade dans le désert; il y a de bons coups à faire de ce côté, je connais la place.

— Cette promenade nous délassera un peu, dit de Céran ; quant à moi, je suis accablé; il nous faut des distractions, je le sens ; il paraît que votre temps et le mien n'ont pas été perdus à Alexandrie.

— Oh! monsieur de Céran, j'ai travaillé comme un dromadaire, sans boire ni manger. Voyez mes papiers et mes notes : tout le commerce d'Orient est là. Je sais la partie des cotons sur le bout du doigt; je vais faire une révolution avec ma maison d'Anvers; j'enlève au marché de Liverpool le commerce des cotons avec la Belgique ; je le donne au Havre. Est-ce national, cela ? La Belgique consomme chaque année huit millions de coton. Le Havre est appelé par moi à devenir l'entrepôt de la Belgique. Quarante-deux navires belges sont entrés au Havre en 1841.

Vous voyez que mon idée est secondée par le mouvement naturel du pays. J'écris à mon fils Antonio, qui doit être à Liverpool à cette heure, et je lui donne dans cette lettre, des instructions en conséquence. J'espère que voilà un heureux résultat !

— Un magnifique résultat, mon cher monsieur Dherbier ! je vous soutiendrai à la tribune, dans la discussion du budget des affaires étrangères.

— Oh ! ceci se rattache à la question de l'union douanière entre la France et la Belgique.

— Évidemment. C'est ce que j'allais vous dire, monsieur.

— Il paraît que vous avez étudié cette question ?

— J'ai eu deux audiences d'Artim-Bey pour cette question. Seulement je pense que nous pourrons expédier d'Alger beaucoup de coton pour la Belgique.

— Oh! monsieur de Céran, le temps n'est pas encore venu...

— Il viendra.

— Oui, mais cet avenir appartient à nos enfants. Songeons au présent; c'est l'essentiel. Nous partirons demain pour exploiter le désert, n'est-ce pas ?

— Je vous accompagne au bout du monde.

— Il est bien possible que j'aille jusque-là.

Avec son *Tartufe*, Molière a rendu un mauvais service à l'espèce humaine ; dès qu'un homme ne se présente pas en habit noir, les yeux baissés, en parlant de sa haire et de sa discipline, on ne se méfie pas de lui.

Aujourd'hui, on enlèvera facilement à un père de famille sa femme, sa fille, sa cassette, à condition qu'on ne remplira pas des *devoirs pieux*, et qu'on n'agira pas dans *l'intérêt du ciel :* aujourd'hui, Tartufe serait le seul intrigant qui ne réussirait pas ; à son premier vers on le chasserait de chez tous les Orgons.

M. de Céran portait sur le paquebot du Nil une veste blanche, un chapeau de paille et un pantalon de toile à la russe; allez vous méfier d'un Tartufe vêtu de cette façon !

Il appartenait d'ailleurs à l'école philosophique du dernier siècle, et, dans ses intermèdes d'esprit sérieux, il avait égayé M. Dherbier, en faisant un parallèle entre Joëph en Égypte et Artim-Bey, qu'il plaçait fort au-dessus du ministre de Pharaon, son livre favori était les *Ruines* de Volney, ouvrage, disait-il, qui avait détruit à jamais l'hydre des superstitions.

— Vous méritez toute ma confiance, disait M. Dherbier à M. de Céran, et je puis maintenant, dans nos loisirs du paquebot du Nil, vous expliquer tous les secrets de mon voyage. La nature, je l'avoue sans amour-propre, m'a donné l'intelligence des vastes opérations. Je puis dire que je porte dans la tête la carte de l'univers commerçant. Interrogez-moi sur les besoins, les produits, la richesse d'un pays quelconque, et je vous répondrai avec les chiffres du plus exact des statisticiens. J'ai des maisons dans toutes les capitales du globe, et je connais la balance de mes grands-livres aussi bien que mes nombreux agents qui l'établissent en cent lieux différents. Je sais le travail qu'on me fait à Pétersbourg et à Calcutta, comme celui que je dirige moi-même à Paris. Personne, je le crois, ne représente mieux que moi le génie de ce siècle travailleur.

Les conquérants guerriers ne sont plus de mode ; ils ont cédé leur place aux César, aux Alexandre, aux Napoléon du commerce. Nous rêvons aujourd'hui la conquête du monde ; nous avons des armées de commis, des cavaleries de chevaux de poste, des escadres de vapeur, et une artillerie de lettres de change, tirées sur les quatre points cardinaux. Nous ne voulons pas souffrir que ce globe ait un rocher ou un grain de sable oisif. Tout est bon à quelque chose ; si le désert est paresseux, c'est qu'on lui permet de l'être. Le désert doit travailler comme la ville.

Mauvaise excuse de dire : Je ne fais rien, parce que je suis un désert. Voilà le Nil ; un fleuve fainéant ; un grand diable de fleuve qui reste les bras croisés pour amuser les crocodiles. Eh bien ! nous exploiterons le Nil. Avant nous, savez-vous ce qu'on faisait? On dépensait une série de millions pour découvrir les sources du Nil ! Mon Dieu ! que nous importe, à nous, de savoir si le Nil a des sources, ou s'il n'en a pas! Il existe comme fleuve, voilà l'essentiel ; il existe comme agent, comme moteur, comme trait d'union ; après, qu'il vienne d'où bon lui semble, cela nous est fort égal! Approuvez-vous ce préambule, monsieur de Céran?

— Vous parlez comme un sage de la vieille Égypte, cher monsieur Dherbier. Cent fois j'ai fait les mêmes réflexions. L'autre jour, même, en lisant les *Ruines* de Volney, je fermai le livre, et je me dis: Pourquoi y a-t-il des ruines? à quoi servent les ruines? à domicilier des lézards, voilà tout. Il faut donc exploiter les ruines. Il ne faut pas que, lorsque tant de monuments travaillent au soleil, il y en ait qui restent oisifs, sous prétexte qu'ils tombent en ruines. J'ai lu dans Hérodote que l'Égypte était une longue rue de villes dont le Nil était le ruisseau; cette rue était fort difficile à bâtir lorsque les pierres dormaient dans les carrières de la chaîne Lybique; mais aujourd'hui les pierres sont là, sous notre main; elles sont proprement équarries, elles ont leurs arêtes vives et leurs *queues-d'hirondelle,* elles n'attendent qu'un bras pour les remuer. L'Égypte est un chantier qui ne demande que des manœuvres.

— Les manœuvres viendront, monsieur de Céran. Nous réveillerons tout ce qui dort; nous utiliserons l'inutile. Comprenez-vous qu'on ait laissé dans l'inaction, pendant quarante siècles, les pyramides du Caire, lorsque nous payons en France vingt francs le mètre carré, et dix francs quelques pouces cubes de pierres d'Arles pour bâtir une usine? Avec Artim-Bey nous avons longuement causé pyramides; nous sommes en marché pour la grande; il me la cède à un prix raisonnable; ce sera, dans un an, la plus belle raffinerie de sucre du monde entier, et à deux pas des Indes; Bombay, Madras et Calcutta nous consommeront autant de kilogrammes de raffinés que ma pyramide leur en donnera. Je vais établir mon comptoir à Suez. La maison Waghorn de Londres m'écrit, par le dernier courrier d'*India-Mail*, *achetez une pyramide à tout prix*. Artim-Bey m'a demandé en échange une machine anglaise de la force de cent chevaux; j'ai demandé le grand Sphinx par dessus le marché. Vous voyez que l'affaire est en bon train.

— Superbe affaire, monsieur Dherbier!

— Mon excursion au Sinaï a un but beaucoup plus sérieux encore, mon cher monsieur de Céran. Je vais y fonder de vastes pépinières de nopals pour l'exploitation de la cochenille. Cet insecte, vous le savez, a une prédilection marquée pour le nopal égyptien, qu'il préfère au méméla, le nopal de Castille. Le méméla recueille la poussière, le nopal la repousse. Cet établissement me permettra d'avoir, dans le voisinage, une belle filature de soie. Les mêmes agents veilleront aux deux choses. La main-d'œuvre pour la raffinerie, les pépinières de nopals et la filature, est payée au taux le plus modique. Le Druse demande vingt-cinq sous par jour, et le Fellah se contente de la moitié : je n'emploierai que des Fellahs. Mon ingénieur, que j'amène avec moi, est chargé d'étudier l'embranchement que je me propose d'établir sur le *rail-way* du Caire à Suez. Le nouveau système de paquebots qu'on doit organiser en 1843 me permettra de prendre mes produits au Sinaï ou à Suez, et de les déposer le dixième jour sur le quai de Marseille, et le vingtième à Calcutta. Ce plan se combine admirablement avec une autre opération que j'étudie depuis six mois, et que j'amènerai à bonne fin. Le temps est venu de ressaisir le commerce des pelleteries sur les côtes de la Chine. Vous savez que le vaisseau le *Solide,* du capitaine Marchand, avait fait une belle expédition pour ce genre de commerce. A cette époque, il y avait des pays lointains ; la Chine ou la lune étaient sur la carte aux mêmes degrés de longitude. Aujourd'hui la Chine est là, devant moi, sous les sycomores de cette rive du Nil. Derrière ce bouquet de palmiers il y a des Chinois ; faites un pas, vous êtes à Siam ; encore un, à Canton. Le globe est enjambé en quatre pas et nous travaillons à en supprimer deux. Le temps est précieux ; une minute vaut cinq francs ; qui perd une heure perd cent écus.

En causant ainsi, ils arrivèrent au Caire sans y songer.

Les caravansérails sont supprimés au Caire ; il y a des hôtels garnis dans la ville des Pharaons, dans la noble Memphis.

A la place des jeunes icoglans qui parlaient arabe, il y a des garçons qui parlent provençal.

M. Coulomb, de Marseille, le premier cuisinier de l'Orient, nourrit les Européens dans les villes d'Alexandrie et de Putiphar.

M. Coulomb a chassé les oignons d'Égypte et intronisé la cuisine anglo-française sur la tombe du maigre pannetier de Pharaon ; il prépare de délicieux *rump-steak* avec les bœufs Apis ; il aiguise avec art l'*aïoti* compatriote, aimé de Virgile et d'Alexandre Dumas : mais voici ce qui met le comble à sa gloire, et ce qui doit lui donner un jour une pyramide pour piédestal ; il a élevé le *pilau* turc à un degré inouï de succulence et de parfum.

Le pilau de Coulomb a cicatrisé les sept plaies d'Égypte.

Le riche marchand de la place d'El-Békié et le fellah pauvre de Boulak bénissent Coulomb à chaque grain de riz.

Ce n'est plus ce plat stupide inventé à Médine par les sectateurs d'Omar ; c'est tout un festin de houris, c'est la joie du voyageur affamé après le jeûne du désert.

Coulomb, une main sur les fourneaux d'Alexandrie, et l'autre sur ceux du Caire, est destiné à compléter par la table, en Orient, la civilisation que Bonaparte y commença par l'épée.

Mehemet-Ali, en choisissant Coulomb pour son chef d'office, a compris son siècle et son pays.

Les voyageurs, enfin, dégoûtés des auberges de France où l'on mange mal, des auberges d'Angleterre où l'on mange peu, des auberges d'Espagne où l'on ne mange pas, iront retrouver en Orient les tables pyramidales des festins de Balthazar.

L'Orient, ce jardin et ce berceau du monde, a longtemps pleuré dans la solitude et le désert, parce qu'il n'offrait à ses amis occidentaux que l'eau saumâtre et les racines, ces repas d'anachorète, et les dromadaires, ces précipices ambulants; mais dès que M. Waghorn a bâti des hôtels sur le sable où l'on plantait des tentes depuis Abraham, dès que Coulomb a versé la fumée odorante de ses fourneaux sur la colonne de Pompée, les bains de Cléopâtre et le lac Mœris, le monde émigrant s'est précipité entre deux roues à vapeur et deux cascades d'écume vers ces régions splendides ; les tentes ont été brûlées, le sable a subi les *rails*, les racines ont été abandonnées aux grillons, les dromadaires ont passé à l'état de sphinx, les caravanes ont couru en chaises de poste, et on a donné des bals sur la mer Rouge qui noya Pharaon.

Nous ne devons pas nous étonner que l'imagination d'un puissant industriel, aussi vive que celle d'un poète, s'exalte devant ces prodiges, et trouve au fond de ces détails, si puérils en apparence, le germe des révolutions sociales promises à l'avenir.

M. Dherbier dînait chez Coulomb, à

l'hôtel d'Orient, à table d'hôte, place d'El-Békié.

Le coup d'œil était plus beau et plus varié qu'à la table d'hôte de Toulon.

Les voyageurs des Indes, de Londres, de Marseille, arrivés le jour même, mangeaient ensemble à ce meeting gastronomique de la civilisation.

On y voyait des ambassadeurs de Siam, des mandarins lettrés, des Indiens sectateurs de Siva, des nababs du Bengale, des héroïnes du Caboul, des missionnaires de la Propagande, des députés coloniaux, des Anglais locataires de l'Himalaya, des voyageurs morts de soif en cherchant les sources du Nil, tous les caprices, toutes les fantaisies, toutes les passions, tous les ennuis, tous les intérêts du monde étaient représentés à ce banquet babylonien.

Coulomb, à la tête d'une escouade de domestiques, veillait avec intelligence sur ces appétits furieux que venaient d'exciter les brises croisées de la Méditerranée et de l'Océan indien.

Toutes les religions de l'Asie et de l'Europe, réunies à cette table dans un culte commun, chantaient un hymne à la gloire de la cuisine française, cette conquérante pacifique de l'univers.

M. de Céran, comme tous les esprits sérieux, estimait fort la bonne chère, et pendant le repas, il ne parla point, craignant moins de perdre ses paroles que ses morceaux.

A l'issue du dîner, M. Dherbier l'entraîna sous les sycomores d'El-Békié, et l'entretien suivant s'engagea.

Projet de mariage.

IV.

— Vous avez beaucoup réfléchi à table, mon cher monsieur de Céran ! N'est-ce pas?

— Beaucoup, mon cher Dherbier, puisque j'ai peu parlé.

— Et à quoi pensiez-vous?

— Vous voulez le savoir?

— Eh! puisque je vous le demande.

— Vous allez rire, Dherbier; je faisais un plan de mariage.

— Vous voulez vous marier?

— Pourquoi pas?

— Avec qui? Pardon de la curiosité.

— Je n'en sais rien.

— Ah! je comprends! c'est un désir vague de célibataire ennuyé; c'est une pensée de voyageur dans l'isolement.

— Mon cher Dherbier, c'est cela ou autre chose encore; à table, en voyant tant de maris et de femmes qui courent l'Asie côte à côte, avec leurs nourrices et leurs petits enfants, j'ai fait un système. Je me suis dit qu'en notre siècle, la mission de l'homme civilisateur était de voyager toujours, versant à pleines mains la semence de ses idées; j'ai pensé qu'il était absurde d'avoir pour patrie quelque sombre entresol de la rue Saint-Honoré ou du Faubourg-Poissonnière, et de régler les destinées de l'Asie en se chauffant les pieds à Paris.

— Très-bien, de Céran !

— Pour convertir les Arabes, il ne faut pas leur écrire des articles français dans des journaux qu'ils ne lisent pas; il faut leur parler, manger avec eux, courir avec eux, dormir avec eux; pour cultiver le désert, il faut tenir la charrue, autrement on bâtit sur le sable. Les Anglais l'ont si bien compris qu'ils abandonnent insensiblement l'Angleterre pour peupler l'Asie d'enfants anglais qui parlent l'arabe, l'indien et le chinois, et pour croiser les belles races du Nord avec les races du Bengale et de Siam. C'est ainsi qu'ils doivent acquérir la suprématie de l'Orient, en économisant les coups de canon. Il est honteux de songer qu'à ce dîner de Coulomb, nous n'étions que deux Français, vous et moi. Belle concurrence, ma foi ! On leur montre, tous les six mois, deux Français comme deux phénomènes, et ils voient défiler chaque jour une armée d'Anglais : il est évident que, si les Asiatiques veulent s'abriter, un jour, sous un drapeau européen, ils choisiront le lion et la licorne et laisseront le coq.

— C'est évident ! c'est profond.

— Les Orientaux doivent s'imaginer que la France est un petit pays habité par quelques centaines d'individus, tolérés par l'Angleterre. Dans l'Océan anglais, nous avons pour colonies un rocher sans port, qui ressemble à un caillou lancé par l'île de France, lorsqu'elle s'amuse à faire des ricochets. Nous appelons ce caillou l'île Bourbon ; puis nous avons Pondichéry, avec un port désert, et un consul isolé comme un anachorète. Aussi les Indiens nous regardent du même œil que nous regardons Monaco. Nos hommes d'État n'ont pas le loisir de songer à ces choses; il faut donc y songer pour eux. Il faut faire ce que font les Anglais; il faut montrer la France à l'Asie; le grand chemin de l'Inde appartient à tout le monde, en payant deux roupies par mille à votre maison Waghorn ; jetons-nous avec nos familles sur ce chemin ; apportons au désert nos femmes, nos enfants, nos modes, nos cabinets de lecture, nos vaudevilles, nos opéras, notre Conservatoire de musique, nos vins, nos cuisines, enfin tout ce bruit charmant que fait la France quand elle a mis au monde une révolution en se déchirant le sein.

— Bravo ! mon cher de Céran.

— Toute la question de l'Orient est là. Ce que l'on fait à coups de canon ne vaut rien, parce qu'un autre, qui a plus de canons, vous le défait par le même procédé. Il ne faut jamais commencer une guerre sanglante, parce qu'il y a des mères dans les deux camps : il faut organiser la paix. Vous, monsieur Dherbier, vous avez donné déjà un noble exemple ; vous livrez des batailles d'industrie et de commerce, et vous les gagnez au profit de l'humanité. Croyez bien que d'autres vous imiteront. Vous serez le Godefroy de la troisième croisade, la croisade de la civilisation orientale; je ne vous demande que l'honneur d'être votre historien.

— Oh! s'écria Dherbier en serrant les mains de l'orateur, votre enthousiasme me fait rougir...

— Mon enthousiasme est sincère, croyez...

— Je le crois, je le crois; je connais les hommes, monsieur de Céran, et je vous ai jugé, vous, du premier coup d'œil... Mais il me semble que nous avons oublié notre point de départ... Ne me parliez-vous pas d'une velléité de mariage qui vous a saisi tout-à-coup à table d'hôte?

De Céran s'essuya le front, inondé de

la sueur de l'enthousiasme et du Caire, regarda le ciel, puis la terre, et dit :

— Oui, Dherbier, c'est juste ! nous parlions mariage... je me suis laissé emporter... Excusez-moi... Parbleu, oui, je m'en souviens ; à table, tantôt, là, j'ai eu une idée sur le mariage... Si nous voulons donner aux Orientaux une bonne idée de nos mœurs domestiques, et nous présenter à eux sous cet aspect moral qui convient à tout missionnaire ; il faut voyager chez eux en famille, et frapper leur imagination par le spectacle touchant de deux époux bien unis, subissant les mêmes fatigues et les mêmes dangers. Les Orientaux doivent croire que tous les Anglais sont mariés, et que tous les Français sont célibataires. Quelques jeunes gens de notre pays achèvent de nous compromettre, en se promenant en Asie avec des Bayadères sous le bras. Tenez, voilà justement, à deux pas de nous, un Marseillais qui folâtre avec une Almée ! C'est scandaleux ! Comment veut-on ensuite que l'Orient nous respecte !

— C'est vrai cela, mon cher de Céran!

— Eh bien ! me suis-je dit, puisque ma vocation impérieuse me pousse en Orient, je veux faire ce sacrifice au bien de mon pays, je me marierai. Je ne tiens ni à la beauté, ni à la richesse; je veux une femme qui ait dans le cœur quelque chose de mon esprit aventureux et qui ne s'effraie pas au mot de l'Orient ; je ne serais pas fâché même qu'elle eût un petit côté romanesque dans l'imagination. Malheureusement, il faut beaucoup de loisirs pour chercher une femme à sa convenance ; on perd beaucoup de temps à étudier un caractère, et souvent on trouve au bout de ses études le contraire de ce qu'on cherchait. Le siècle est si occupé ! Nous vivons à la vapeur ; on n'a pas le temps de se marier; dans quelques années, on n'aura pas le temps de mourir. Il faudrait qu'un ami vînt à moi et me dit : Adam, voilà ton Ève ; voilà l'épouse de ton choix; tu ne la connais pas aujourd'hui, demain tu l'aimeras. Oui, sur la foi d'un véritable ami, je prendrais cette femme, et comme le Malchus de saint Jérôme, je traverserais avec elle les déserts et les villes, heureux partout.

M. Dherbier était tombé en rêverie.

De Céran, qui avait toutes les physionomies à la disposition de son visage, regardait fixement, et d'un air séraphique, sa femme idéale dans une rêverie de prédestiné.

Un silence de quelques instants fut interrompu par M. Dherbier.

— Mon cher de Céran, dit-il, je vous avoue que, depuis le premier moment de notre connaissance, vous êtes entré profondément, de jour en jour, dans mon affection. Un voyage d'un mois équivaut à une liaison de six ans. Il me semble que je vous ai toujours connu. Écoutez-moi, mon cher de Céran, seriez-vous disposé à vous fixer à Suez?

— A Suez, dit de Céran, baissant les yeux d'un air méditatif, et les relevant du côté de la mer Rouge, à Suez, mon cher Dherbier; mais pourquoi pas? Si j'avais une bonne position de propagande orientale, je me fixerais à Suez comme ailleurs.

— Et votre députation?

— Je serai député à Paris et industriel à Suez, dans l'intervalle des sessions. Il n'y aura bientôt que dix jours de Suez à Paris.

— C'est juste, de Céran; eh bien! je veux vous établir, moi, et vous marier.

— Vous avez un parti sortable sous la main?

— Sous la main, de Céran. Il me faut un gendre éclairé pour veiller aux grands intérêts d'industrie que je vais créer en Orient; et ce gendre est choisi... ce sera vous.

De Céran prit une pose modeste et se fit une figure sur laquelle la surprise luttait avec la joie.

Le *moi* d'exclamation qu'il prononça eut l'air de ne pouvoir sortir de sa bouche qu'à la faveur de sa brièveté de monosyllabe.

Si ce *moi* avait eu trois lettres de plus, il restait enseveli dans les profondeurs d'un saisissement très-bien joué.

Dès qu'il pensa qu'il pouvait parler, de Céran saisit les main de son futur beau-père et dit :

— Moi, l'époux de votre fille!.. de cette charmante personne que j'ai vue à Toulon, à côté de sa mère... que je n'ai vue qu'un instant... Oh ! mon cher Dherbier, la joie ne tue pas... voyez, je respire... j'ai même oublié mon existence; j'ai deux âmes et deux cœurs... et croyez-vous, mon cher Dherbier, que votre fille acceptera l'hommage de...?

— Ma fille, mon cher de Céran, est élevée dans les principes de la plus aveugle soumission. Elle ne connaît que la volonté de son père et de sa mère. Mettez votre main dans la mienne... Bien ! voilà notre contrat signé. C'est ainsi que je termine toutes les affaires, moi... êtes-vous content?

De Céran fit un mouvement convulsif de joie qui ressemblait à un spasme nerveux ; il reprit la main de son beau-père, la baisa filialement, et la mouilla de quelques larmes de crocodile.

M. Dherbier, qui, dans l'éternelle et

dévorante préoccupation de ses affaires, avait de rares occasions d'être ému, versa de son côté quelques véritables larmes de joie; puis, comme pour réparer le temps perdu, il rentra dans son élément naturel.

— Mon cher futur gendre, dit-il, ceci est réglé, n'en parlons plus. Le courier de l'Inde part demain; j'écrirai à ma femme. Allons attendre nos lettres à Suez.

M. Dherbier, l'homme des grands affaires et des petits détails, employa les dernières heures de son séjour au Caire à causer cuisine avec Coulomb; il s'initia aux secrets de l'art culinaire, dans ses rapports avec les besoins et les appétits du climat d'Orient.

Son intention était de donner un peu du génie de Coulomb au chef de l'hôtel de la Mer-Rouge à Suez, ce caravansérail du monde ancien et nouveau.

Dherbier et de Céran, partis du Caire, arrivèrent à Suez après trente heures de route sans avoir rencontré ni les terribles Arabes de Thor, ni les flammes de Simoun.

On court plus de danger sur la route de Marseille à Paris.

ns.

Les deux lettres.

Les deux lettres.

V.

ANTONIO ET HÉLÈNE.

Antonio Dherbier à Hélène sa sœur.

Londres... 1842.

« Me voici à Londres, chère et bonne sœur; mon père veut me donner le goût des affaires; nous verrons s'il réussira.

» Quand je serai père à mon tour, avant de donner un goût à mon fils, je lui demanderai le sien.

» J'ai remis mes lettres, en arrivant, à la maison Waghorn ; tu ne peux pas te figurer la physionomie intérieure de cette maison.

» Les hommes ne parlent pas ; les femmes étudient du matin au soir l'atlas de l'Asie et ont un professeur de chinois ; les enfants jouent gravement avec de petits *rails ways* de zinc, et font des machines à vapeur en carton.

» Ils m'ont invité à dîner.

» On m'a servi un bol de lave de Vésuve qu'ils appellent *soupe de tortue*.

» Je me suis incendié les poumons.

» J'ai demandé de l'eau pour éteindre le *turtle-soupe*, un domestique a cherché de l'eau partout et n'en a pas trouvé.

» Un des associés m'a chargé d'un travail qui doit être terminé dans huit jours.

» Je dois étudier, sur l'atlas du major Lamb, le terrain de la presqu'île de Bengale, de Bombay à Madras, afin d'y établir un chemin de fer qui dispensera les paquebots de doubler le cap de Coromandel.

» L'atlas a cent feuilles, chacune de la dimension d'une nappe de vingt couverts.

»Il me faudrait dix ans pour mal terminer ce travail.

»J'ai ouvert ma croisée dans *Hart-Street*, au centre de la Cité.

»Tout pleure autour de moi, le ciel, le toit, la muraille, la vitre, la brique, la rue, le trottoir ; je me suis mis à pleurer aussi en songeant à mon pays qui rit toujours.

»Rentré dans ma chambre, j'ai failli être suffoqué en voyant l'atlas du major Lamb.

»Si c'est pour vivre comme cela que nous avons le plaisir d'avoir vingt-un ans, autant vaudrait passer du berceau à la tombe : ce serait plus court et moins ennuyeux.

» L'associé m'a invité à passer le dimanche chez lui.

» Je m'en faisais une fête.

» Je sais que la maison Waghorn a un château dans le Kent.

» J'ai mis mon plus beau costume de *rider;* je suis entré chez l'associé cravache en main, éperons aux bottes.

» La famille était assise autour d'une table, et chacun lisait la Bible.

» On m'a présenté la Bible de la société *for promoting christian knowledge.*

» J'ai ouvert la Bible, et je n'ai pas lu.

» J'attendais que quelqu'un ouvrît la

bouche pour faire une question ; personne n'a parlé pendant six heures.

» Je suis mort cinq ou six fois dans ce siècle-là ; enfin on a annoncé le dîner.

» On nous a servi six plats de pâtisseries sucrées au gingembre.

» J'ai mangé le gingembre pour me ressusciter ; puis tout le monde s'est remis à la table de lecture, et chacun a repris sa Bible.

» A onze heures du soir, l'associé m'a permis de me retirer, en me disant que j'étais invité à cette fête de famille pour tous les dimanches de mon séjour.

» En descendant l'escalier, j'ai demandé

des nouvelles du château de Kent à un domestique.

» Celui-ci m'a dit que ce château est magnifique, et bien situé dans les ombrages de Cricklewood, et que toute la famille s'y rend une fois par an, en hiver, à la première neige tombée, pour y chasser le renard.

» Heureusement, j'éviterai les invitations des dimanches.

» Une lettre de notre père vient de m'ordonner de me rendre à Liverpool, pour régler quelques affaires, et pour étudier le commerce des cotons, dans ses rapports avec le Havre et la Belgique.

» J'irai à Liverpool.

» J'ai pu survivre à la fête d'un premier dimanche, parce que je suis jeune et vigoureux, mais je sens que le second m'asphyxierait, comme la vapeur du charbon.

» Ce matin, au moment où je me promenais avec mélancolie, en long et en large, sur l'atlas du major Lamb, pour établir quelques pouces de *rail-way*, dans le faubourg de Bombay, j'ai vu quelque chose de jeune qui papillonnait sur le rideau, c'était un rayon de soleil.

» En deux bonds j'ai franchi mon escalier et ma porte, et je me suis lancé à travers les rues.

» Le flot du peuple m'a entraîné dans

une longue rue qui va de Saint-Paul au bout du monde.

» J'ai vu des choses superbes, j'ai vu de belles maisons, de délicieux jardins, de riches boutiques, de nobles palais, de brillants équipages, et surtout des femmes charmantes.

» Devant *Buckingham-Palace*, j'ai assisté à une revue de cavalerie ; j'étais fou de bonheur : il y avait des régiments de *Life-guards*, de *Price-of Wales-guards*, de *Cold-stream-guards*, et de *Light-dragons*.

» Je n'ai jamais vu de plus beaux chevaux.

» Quel amusant métier font ces soldats ! Ils montent tous les jours à cheval et ils sont bien payés! il faut que j'aille, moi, dans un wagon, étudier le commerce des laines à Liverpool! Plains-moi, chère sœur; adieu, je t'embrasse deux fois, et je te prie d'en rendre une à maman.

» ANTONIO. »

Hélène à Antonio.

Hyères, 1842.

«Nous habitons un paradis terrestre; cher Antonio, mon bon frère; ce paradis appartient à notre oncle; il me le donnera, m'a-t-il dit, et je t'en donnerai la moitié.

» Quel excellent oncle ! il est bon comme notre père, mais la comparaison s'arrête là.

» Maman dit que c'est le plus grand philosophe de l'antiquité.

» Il dort beaucoup, il parle peu, il regarde passer les vaisseaux, il gouverne des abeilles et des vers à soie.

» Il fait trois repas par jour, et il est abonné au journal d'Agriculture qu'il ne lit pas.

» Je t'envoie une aquarelle de la maison de campagne de notre oncle; c'est un échantillon du paradis.

» Hyères est dans le fond avec sa montagne volcanique, voilée de verdure ardente et jonchée de ruines féodales.

» A l'autre horizon, j'ai peint ce qu'on ne peut peindre, la mer ; nous la voyons toute bleue, toute vive et radieuse, du haut de notre terrasse ; il semble qu'elle nous appartient, comme le dernier ruisseau de nos jardins.

» Les vaisseaux de Toulon viennent se promener devant les îles voisines ; et c'est charmant de les voir courir avec leurs voiles et leurs pavillons derrière les rideaux de peupliers, de pins, d'orangers, qui bordent le rivage.

» Tu reconnaîtras dans mon paysage les

choses que j'aime, les sources d'eau vive, voilées par des masses d'ombre, les jeux du soleil couchant à la lisière du bois, les touffes de plantes agrestes et de fleurs sans nom, inclinées sur les ruisseaux, et ces petits détails de grâce adorable que la nature prodigue à tous les coins de terre où il y a un peu d'eau et beaucoup de soleil.

» Nous avons aussi, mon cher Antonio, de beaux groupes de palmiers, mais de palmiers sérieux, qui laissent tomber des chapelets de dattes, comme leurs frères d'Orient : ces arbres réjouissent les yeux et le cœur ; on les embrasse comme des amis.

» Notre oncle est un homme excellent et plein de complaisance pour notre mère.

» Il est simple comme un enfant; il a vingt ans de moins que son âge, et il rajeunit tous les jours.

» Il montre une gaîté franche et il essaie de nous amuser quand nous sommes tristes.

» Maman a besoin de distractions ; elle est taciturne et elle recherche la solitude qui augmente ses ennuis.

» Je fais tout ce qui dépend de moi pour l'amuser un peu ; je chante au piano tout ce que je sais ; je lui dédie tous mes paysages; je lui déclame par centaines des vers de Victor Hugo; elle est visiblement touchée de mes attentions; elle s'en récrée un instant, mais pour retomber dans son incurable mélancolie.

» La lecture lui est pourtant d'un grand secours; elle a commencé un délicieux roman de M. de Balzac dont elle a la bonté de me lire quelques passages.

» Il s'agit de deux jeunes mariées qui écrivent leurs mémoires.

» L'autre jour maman me lisait une lettre de ce roman; une dame y raconte la vie charmante qu'elle mène avec son mari dans une jolie maisonnette, aux bois de Ville-d'Avray.

» J'écoutais cette lecture avec un plaisir infini, lorsque tout-à-coup maman s'interrompit brusquement, versa quelques larmes et sortit du salon.

»Je crois avoir compris le motif du chagrin de maman.

»Elle craint que le mari qu'elle veut me donner ne soit pas du goût de notre père, et tu sais qu'elle fait dépendre de cet établissement mon bonheur et le sien.

»L'autre jour, maman a reçu une lettre d'Afrique : d'abord elle ne voulait pas me la montrer ; mais à la campagne, il y a des moments d'ennui où l'on dit tous les secrets. Dans un de ces moments, elle m'a lu la lettre de ce jeune et brillant colonel qu'elle appelle mon futur.

» Il doit rentrer en France avec son régiment à la fin de la campagne, et il me demandera en mariage à M. Dherbier : il ne doute pas du consentement de mon père ; maman, elle, en doute beaucoup.

» Le colenel de St-*** écrit comme un ange ; il a des manières simples et distinguées, des goûts d'artiste et beaucoup d'esprit.

» A l'armée d'Afrique, son nom est cité en tête des plus beaux noms ; personne n'a un avenir militaire plus brillant que le sien.

» Je ne sais pas si je l'aimerai, mais je sais que je l'estime et que je l'admire, et que je suis prête à seconder les intentions maternelles.

» Cependant, il m'est bien cruel de penser que tout cela donnera peut-être des inquiétudes à notre famille, et que notre excellente mère interrompra tristement ses lectures favorites en pensant à moi.

» Nous n'avons reçu de papa qu'une seule lettre; elle est datée d'Alexandrie et finit à la sixième ligne.

» Notre père est le meilleur des hommes, dit maman; il sait tout, il songe à tout, il connaît tout; il embrasse le monde, il donne la joie à des milliers de familles, il ne ferme les yeux de son intelligence que sur sa femme et ses enfants.

» Après avoir fait le bonheur de l'univers, il aura oublié de faire le sien.

» Voilà ce que maman dit quelquefois : elle a peut-être raison. — Elle vient d'écrire à papa une lettre charmante, et elle lui parle adroitement du colonel.

» Adieu, mon Antonio; comporte-toi bien, et fais toujours ce que veut notre bon père : la volonté d'un père, c'est la volonté de Dieu.

» HÉLÈNE. »

La sirène.

VI.

Pendant que les deux lettres que nous avons citées dans le précédent chapitre se croisaient sur la Manche, Antonio roulait en wagon vers le comté de Lancastre ; il allait à Liverpool étudier le commerce des cotons dans ses rapports avec le Havre et la Belgique.

Il descendit à l'hôtel d'Adelphi, qu'il trouva d'un confortable achevé.

M. Jackson, correspondant de M. Dherbier, attendait Antonio, depuis quelques jours, dans son comptoir de la rue de l'Église.

Antonio ne mit pas beaucoup d'empressement à faire sa visite à M. Jackson.

Il se laissa emporter par sa curiosité d'enfant, et courut admirer le jardin zoologique, les superbes colonnades de la Douane et de la Bourse, les docks de la Mersey, le tunel et son péristyle, le grand marché public, et les riches quartiers de la bourgeoise à Copperas-Hill.

A l'heure de la bourse, le jeune voyageur entra au comptoir de M. Jackson, avec l'espoir de ne pas le rencontrer, et il laissa une carte sur laquelle il écrivit au crayon le nom de son hôtel.

Il dîna et charma les ennuis de sa soirée au Théâtre-Royal, où l'on jouait un drame en vingt-deux actes, intitulé la *Vie de Napoléon*.

L'artiste qui représente l'empereur a six pieds de haut, il est très-fluet, mais il prend beaucoup de tabac.

Ce drame divertit beaucoup Antonio, il lui fit oublier davantage M. Jackson.

En sortant du théâtre, comme il traversait *Williamson-Square*, il rencontra quelques hommes ivres qui sortaient du *meeting* annuel de la société de tempérance, tenu à *Jordans-Street*.

Il descendit avec eux sur le port en riant aux larmes de toutes les grosses plaisanteries que le porter et le porto inspiraient à ces membres tempérants.

A minuit, le silence imposé par les policemen régna sur la rive de la Mersey.

La ville haute devint déserte.

Toutes les boutiques se fermèrent.

Liverpool s'endormit de ce sommeil profond que le travail donne comme une récompense aux villes commerçantes.

Antonio était bien loin de son hôtel d'Adelphi ; il demanda son chemin à chaque policemen qu'il rencontra, et le clocher gothique de la *chapel* sonnait une heure, quand il montait *Ranelagh-Street*, devant Adelphi.

La clarté du gaz, plus vive à Liverpool que celle du jour, faisait ressortir dans ses moindres détails la belle façade de l'immense hôtel.

Les candelabres de la place auraient éteint les étoiles, s'il y en avait à Liverpool.

Les rues de Ranelagh, de Lime et de Copperas, qui débouchent sur Adelphi, paraissaient obscures auprès de cette éblouissante illumination.

Comme il n'y a pas, la nuit, de meilleure police que celle du gaz, les agents de la surveillance nocturne avaient abandonné cette zone de la ville et se promenaient ailleurs avec leurs baguettes plombées et leurs sombre *water-proof*.

Antonio admirait cette merveilleuse éruption de gaz hydrogène qui semblait ne resplendir que pour lui : il se détachait sur ce fond lumineux avec tant de relief que tous les détails de sa toilette pouvaient être saisis à mille pas à la ronde.

Du trottoir de *Liver-theatre* on aurait

deviné facilement que cet élégant et gracieux jeune homme appartenait à une famille opulente, et par conséquent son portefeuille de voyage devait être de quelque valeur.

A pareille heure, sur la crête des Apennins, entre Torrinieri et Riccorsi, Antonio eût été dévalisé en deux coups de griffes humaines ; mais là, au centre du monde industriel et civilisé, le gaz et la police semblaient protéger l'étourdi voyageur et lui permettre de s'épanouir aux rayons d'un soleil artificiel dans sa charmante fatuité d'écolier fraîchement émancipé.

Or, voici une réalité terrible qui a le tort de ressembler trop à une fiction ; aussi sera-t-elle perdue comme leçon et comme expérience.

Antonio, debout et immobile devant Adelphi, entendit à sa gauche un petit bruit de pas, un frôlement de robe, et le murmure doux et léger d'une respiration enfantine; il se retourna vivement, et aperçut à quarante pas de lui une jeune fille de quinze ans, d'une beauté merveilleuse; elle marchait avec lenteur et souriait d'un sourire d'ange; sa toilette annonçait une demoiselle de bonne maison; ses yeux noirs brillaient comme deux escarboucles entre deux cascades de cheveux d'or; ses joues avaient la fraîcheur et l'incarnat des beaux fruits de l'été; ses dents de perle se laissaient entrevoir sous une lèvre légèrement relevée par une ciselure naturelle ; genre de beauté assez commun chez les femmes du Lancastre. La jeune fille passa devant Antonio, qui se contenta de suspendre sur elle un cri d'admiration.

Revenu de sa première surprise, notre jeune voyageur fit quelques pas lents et indéterminés dans la direction de *Lime-Street*, où venait d'entrer la belle et mystérieuse enfant ; puis il accéléra sa marche, tremblant et honteux, comme à la première phase d'un mauvaise action ; mais parfois enhardi à l'idée que cette jeune fille était menacée de quelque danger et qu'il fallait la suivre pour la secourir.

Arrivée à la hauteur de la troisième ruelle qui descend de *Lime-Street* sur le quatier du théâtre, la jeune fille s'arrêta devant une maison de chétive apparence, et se retourna comme pour s'assurer qu'elle était suivie.

Antonio arriva bientôt au même endroit.

La belle inconnue avait disparu dans la maison, en laissant la porte entr'ouverte.

Le jeune homme n'aurait pu s'expliquer clairement à lui-même les motifs qui lui firent franchir le seuil de cette maison.

Une chandelle de suif éclairait l'escalier, et semblait placée là, comme pour indiquer le chemin à l'hésitation d'un étranger.

Antonio monta au premier étage, et trouvant une porte ouverte, il entra dans la plus étrange des chambres dégarnies.

Les murailles dévastées ne conservaient çà et là que des lambeaux de tentures vermoulues ; la moitié d'un miroir vingt fois fêlé se penchait sur le plâtre d'une cheminée de bois ; quelques escabeaux gluants, devenus trépieds par la perte du quatrième support, étaient rassemblés au centre, et leur position indiquait assez bien qu'ils venaient d'être abandonnés par les locataires. L'alcôve était remarquable par l'absence du lit, et par le délabrement des rideaux, troués partout à la hauteur des mains, comme si les doigts convulsifs du désespoir les avaient déchirés dans une nuit de lutte violente et de terreur.

Le plafond ressemblait à une grande page d'écriture cabalistique, car toutes les mèches de suif s'y étaient promenées avant de s'éteindre, en y traçant des mots hideux.

Une vapeur fétide, comme celle qui s'attache aux haillons du crime, était l'atmosphère naturelle de la chambre, et faisait reconnaître, mieux que l'ameublement, à quelle espèce d'êtres fauves appartenaient les maîtres de cette horrible maison.

Voilà ce que du premier coup d'œil vit Antonio, mais il ne vit pas la jeune fille, et il ne devait plus la revoir.

Un bruit confus de paroles sourdes se fit entendre presque à son oreille.

En effet, dans un coin de la chambre, le plâtre écroulé avait mis à nu le bois de la mince cloison, et la lézarde trahissait les secrets de la pièce voisine.

Antonio sentit ses cheveux se hérisser, lorsque, en appliquant son front sur cette ruine de cloison, il vit luire, sous la prunelle cadavéreuse de l'orfraie, un œil ardent fixé sur lui.

Il comprit alors qu'il courait un danger réel, en s'obstinant plus longtemps à sonder les mystères de cette maison, et plein de confiance dans son agilité, il se prépara à franchir l'escalier d'un bond pour gagner la rue.

En ce moment, une porte cachée s'ouvrit, et une épouvantable forme, qui n'appartenait à aucun sexe et à aucun monde connu, vint barrer le chemin de la fuite au malheureux Antonio.

Cette apparition n'avait de la femme que le vêtement, et de l'homme que la voix : sur sa face de spectre s'agitaient comme des couleuvres de tresses des cheveux gris et à travers les éclaircies de cette effrayante chevelure, on voyait jaillir deux regards intolérables.

Ce monstre, échappé de la ménagerie des rêves s'élança sur Antonio, et le jeune homme sentit courir sur sa joue une lèvre froide, comme l'épiderme du lézard : une violente colère le préserva d'un évanouissement ; il repoussa d'un bras vigoureux cet être sans nom, l'étendit sur le parquet gluant, et, poursuivi par les cris rauques du monstre, il franchit l'escalier et atteignit le vestibule de la maison.

Impossible de sortir : deux hommes d'une taille colossale, nus jusqu'à la ceinture, et les bras croisés sur la poitrine, défendaient la porte, fermée d'ailleurs à triple verrou.

Antonio chancela sur ses genoux ; il se cramponna au fer de la rampe, et prit une pose de résignation, comme une victime qui attend un sort inconnu.

Un de ces hommes étendit la main vers une salle du fond et accompagna ce geste d'un mouvement de tête qui signifiait : Allez là.

Le jeune voyageur se raffermit sur ses pieds, fit un appel énergique à son courage, et suivit l'indication de la main : les horribles histoires des assassinats commis en Écosse, dans l'intérêt de la science anatomique, lui revinrent en mémoire, et il s'applaudit d'avoir eu la force de supporter ce souvenir sans tomber d'effroi.

La salle où il entra par ordre était démeublée comme tout le reste de la maison ; une chandelle de suif, collée à l'angle d'une table, lui donnait une clarté plus sombre que la nuit.

Trois hommes et une vieille femme, assis devant la table, buvaient de l'ale dans des gobelets de laiton.

La femme se leva et ferma la porte, elle reprit ensuite sa place et continua de fumer sa pipe de fer, en retroussant des manches de toile raide sur des bras de momie.

Les trois hommes gardaient un calme et un silence effrayants.

Comme des bandits exercés qui n'ont pas besoin de se concerter pour savoir ce qu'ils ont à faire, leurs figures étaient empreintes d'une bonté sinistre ; car, en pareil lieu et à pareille heure, les faces les plus patriarcales sont moins rassurantes que les contractions nerveuses communément prêtées aux assassins.

La fumée du tabac étendait une gaze flottante sur ces quatre personnages, et les plaçait dans la région vaporeuse des rêves des mauvaises nuits.

Le plus âgé d'entre eux, vieillard vénérable, retira sa pipe de ses lèvres de parchemin brûlé, la déposa nonchalamment sur la table, fit une aspiration gutturale, comme un orateur qui essaie sa voix, et s'adressant à Antonio par la menace de ses yeux et par la parole, il prononça ces trois mots de consonnance lugubre : *Give your all* (donne tout).

Antonio prit sa bourse et la jeta sur la table.

— J'ai dit *tout*, ajouta le vieillard avec le plus sérieux des sourires.

Antonio déposa tous ses bijoux de toilette à côté de sa bourse avec un geste résigné qui voulait dire, j'ai tout donné.

— J'ai dit *tout*, répéta le vieillard.

Le jeune homme réfléchit un instant,

tira son portefeuille et le remit à la main large, noire et ridée qui se tendait pour le recevoir.

— Est-il bien rempli ? dit la vieille.

Le brigand compta les *banks-notes*, et répondit : — Pas trop.

— Quand êtes-vous arrivé à Liverpool? demanda le vieillard.

— Hier après midi, répondit Antonio.

— Vous avez bien fait de dire la vérité ; nous le savions. Si vous voulez mourir, mentez... Hier, à quatre heures, vous avez fait une visite dans *Church-Street*. Que cherchiez-vous là ?

— M. Jackson.

— Qu'est-ce que M. Jackson?

— Un correspondant de notre maison de commerce.

— Avez-vous des lettres pour lui ?

— Oui.

— Où sont-elles ?

— Dans ce portefeuille.

— Que veniez-vous faire à Liverpool ?

— Mes instructions sont dans ce portefeuille ; elles sont écrites de la main de mon père.

— Où est votre père ?

— En ce moment il est en Égypte.

L'affreux vieillard étala sur la table tout ce que le portefeuille contenait ; il sépara les *banks-notes* des autres papiers, et appela, par un léger coup de sifflet, les deux camarades qui étaient restés dans le vestibule.

Une conversation à voix basse s'établit alors entre les cinq brigands ; elle ressemblait au prélude d'un assassinat.

Antonio, rendu à son calme par la terreur de l'extrême péril, tâchait de lire sur les visages le sens de cet entretien.

Les brigands, pour ne pas être compris, parlaient une sorte de patois du pays de Galles, assez ressemblant au bas-breton ; quelques mots de pur français arrivaient aux oreilles d'Antonio, et n'étaient pas du tout rassurants ; ils exprimaient des idées de spoliation, de fortune, de violence et de mort.

Les figures des bandits continuaient à garder une bonhomie et une sérénité nullement en harmonie avec cette épouvantable scène ; la vieille femme leur donnait seule un caractère tragique, et lorsqu'elle soulevait sa paupière velue et grise, et qu'elle attachait sur Antonio son œil d'un vert orageux, celui-ci sentait s'éteindre en lui le rayon d'espoir descendu des faces tranquilles des cinq brigands, et il commençait la prière d'agonie, récitée au fond du cœur.

Le colloque cessa.

Une détermination venait sans doute d'être prise.

Un bandit fit un signe, et la vieille

femme se leva, ouvrit une petite armoire, la fouilla longtemps, et en rapporta un encrier, du papier et des plumes.

Le vieillard fit signe à Antonio de s'asseoir et d'écrire, et il lui dicta le billet suivant, qui, dans la langue originale, par le choix des expressions et l'élégance de la forme, annonçait que le brigand était plus gentleman qu'il n'en avait l'air.

« Monsieur Jackson,

» Hier, en traversant Liverpool, je me suis présenté chez vous, pour vous demander quelques renseignements sur une affaire importante dont je ne puis vous entretenir que de vive voix.

» J'avais aussi des lettres de mon père, que je tiens à vous remettre en main propre.

» A mon retour, j'aurai l'honneur de vous voir, et de remplir mes commissions auprès de vous.

» On m'attend à Glascow, et je vais de ce pas m'embarquer à William-Dock.

» Votre vraiment dévoué,

» ANTONIO DHERBIER. »

Quand l'adresse de ce billet fut écrite, un des bandits conduisit Antonio dans une salle basse, et complétement fermée au jour extérieur; il lui montra un grabat dans un coin et sortit.

Deux verrous grincèrent sur la porte.

Le jeune prisonnier n'entendit plus rien.

FIN DU TROISIÈME VOLUME.

Coulommiers. — Imprimerie de A. Moussin.

Pour paraître incessamment

MÉMOIRES
DE
NINON DE LENCLOS

Sous Presse :

La Femme comme il faut, par Balzac ;
La Circé de Paris, par Méry ;
Le Confesseur de la Reine, par Clémence Robert ;
La Haine dans le Mariage, par Paul Féval ;
Le Comte de Carmagnola, par Molé-Gentilhomme ;
La Reine de Saba, par Emmanuel Gonzalès ;
La Haine d'une Morte, par Amédée Achard ;
L'Amant de Lucette, par H. de Kock ;
Le Cadet de Normandie, par Élie Berthet ;
Les Plaisirs du Roi, par Pierre Zaccone ;
L'Homme du Monde, par Frédéric de Sézanne ;
Mémoires d'une Femme du Peuple, par Roland Bauchery ;
L'Amoureux de la Reine, par Jules de Saint-Félix ;
Marquis et Marquise, par Eugène de Mirecourt ;
Un Roman, par le comte Armand de Pont-Martin ;
Une Fortune mystérieuse, par Ancelot ;
Le Benjamin, par Martial Boucheron.

HISTOIRE
DU ROI DE ROME
(DUC DE REICHSTADT),

Précédée d'un coup d'œil rétrospectif sur la Révolution, le Consulat et l'Empire,

PAR J.-M. CHOPIN,

AUTEUR DE L'HISTOIRE DES RÉVOLUTIONS DES PEUPLES DU NORD, ETC., ETC.,

OUVRAGE ILLUSTRÉ DE 15 BELLES GRAVURES SUR ACIER,

Dessinées par MM. Philippoteaux, Jules David, Schopin, Barou, Staal.

CONDITIONS DE LA SOUSCRIPTION

L'HISTOIRE DU ROI DE ROME, illustrée, forme 50 livraisons.
Le prix de la livraison est de 30 cent. pour Paris et 40 cent. pour la province.
L'ouvrage est complet.

PARIS. — IMPRIMERIE SIMON RAÇON ET Cie, RUE D'ERFURTH, 1.

www.ingramcontent.com/pod-product-compliance
Lightning Source LLC
Chambersburg PA
CBHW072007150426
43194CB00008B/1031